Celina Fioravanti

Como Enfrentar Situações de Perda

EDITORA PENSAMENTO
São Paulo

Edição	Ano
1-2-3-4-5-6-7-8-9	-98-99-00

EDITORA PENSAMENTO LTDA.
Rua Dr. Mário Vicente, 374 – 04270-000 – São Paulo, SP – Fone: 272-1399
E-mail: pensamento@snet.com.br
http://www.pensamento-cultrix.com.br

Impresso em nossas oficinas gráficas.

Dedico este livro às mulheres que fazem ou, em algum momento, fizeram o meu trabalho doméstico para que eu tivesse tempo de escrever, principalmente à Cristiana.

SUMÁRIO

Introdução 9

PARTE I: UNIÃO E SEPARAÇÃO DOS ESPÍRITOS

A vida dos espíritos 13
Os objetivos encarnatórios 18
As afinidades e as uniões entre os espíritos 23
A possibilidade do reencontro 26
A convivência no mundo espiritual 29
Necessidades afetivas dos espíritos 32
Quem vai e quem fica 34
A importância de entender corretamente o momento 36
Os dias seguintes à morte 38
As mortes súbitas 41
A morte com grande sofrimento 42
A morte como resultado do erro 43

PARTE II: PARA QUEM FICOU

A razão da dor 47
As responsabilidades pessoais 49
O recomeço: a reação 51
Mexer com o corpo 54
Reposição de fluidos 60
Os quatro apoios 61
O que fazer uma vez por dia 71

O que fazer uma vez por semana 77
O que fazer uma vez por mês.. 79
O que fazer uma vez por ano 81

PARTE III: MENSAGENS PARA QUEM FICOU

Mensagem de uma filha para a mãe que sofre.............................. 83
Mensagem de um filho para o pai que sofre................................. 88
Mensagem de uma mãe para o filho que sofre 93
Mensagem de um pai para o filho que sofre................................. 97
Mensagem de uma esposa para o marido que sofre...................... 101
Mensagem de um esposo para a mulher que sofre 104
Mensagem de um jovem para os amigos que sofrem 108

PARTE IV: POR QUEM SE FOI

Orar pelo espírito.. 114
Para ensinar o espírito 124
    Texto para instrução espiritual 1 125
    Texto para instrução espiritual 2 128
    Texto para instrução espiritual 3 131
    Texto para instrução espiritual 4 134
    Texto para instrução espiritual 5 137
Enviar luzes 139
A hora da morte... 141
Conversar com quem desencarnou 144
Preparar o reencontro 146
Ouvir espíritos 149
Os médiuns de contato 152

Introdução

Os livros que escrevo são realizados com a ajuda de um grupo de espíritos que são para mim os MESTRES DAS LINHAS ESCRITAS, pois é com esse nome que eles se apresentam. Cada vez que ligo o computador para escrever, sinto que um deles está ao meu lado, embora não o veja, nem escute. Meu trabalho mediúnico desenvolve-se através da canalização, que é uma forma de mediunidade sem transe. Assim, sou assistida por vários espíritos, de nível evolutivo semelhante. Sou muito grata por tudo que eles me ensinam e pelos caminhos que me mostram.

Quando escrevia sem a ajuda desses mestres, levava muito tempo, até mais de um ano, para terminar um livro. Agora consigo escrever um livro em 45 dias; demoro no máximo dois meses para concluir uma obra. Isso acontece porque não perco tempo refazendo o que já escrevi, nem fico horas sem inspiração. O trabalho flui continuamente, de maneira muito fácil.

Quando estou terminando um trabalho, já tenho em mente o tema do livro seguinte. É como se ao terminar um, outro já estivesse sendo preparado. Mas desta vez foi diferente: eu estava com dois temas, igualmente interessantes, para desenvolver. Indecisa, não começava nem um, nem outro.

Uma tarde, com muita vontade de resolver por qual iria optar, sentei-me com o livrinho de salmos, que sempre me dá apoio, e fiz por sete vezes o salmo número 9, que serve para trazer uma luz, dar uma idéia. Quando acabei, agradeci como se já tivesse obtido o que queria e fui fazer um bolo para o lanche.

Assim que coloquei o bolo no forno, o telefone tocou. Era um senhor de São Paulo, que havia sido informado por uma cliente minha de que eu dava consultas de Tarô. Eu perguntei por que ele estava precisando de uma consulta e ele me contou que havia perdido seu filho seis meses atrás e sua vida ficara sem sentido. Eu disse, então, que ele não estava precisando de uma consulta, mas de algum apoio e de orientação. Conversamos e sugeri que ele lesse alguma coisa sobre a vida espiritual. Ofereci-me para lhe enviar algumas cópias de trechos variados, que pudessem trazer algum esclarecimento para ele e, talvez, para o espírito do rapaz, que ainda poderia estar confuso, visto que tivera uma morte súbita.

Um dos livros que eu estava para escrever tinha exatamente o objetivo de fornecer apoio e informação para quem perde alguém querido! Aquele senhor, ao me procurar, acabou me dando a resposta de que eu precisava, ajudando-me a começar o livro logo. E aqui está ele.

Dividi seu conteúdo em quatro partes. A primeira fala sobre as ligações dos espíritos, suas uniões e separações, mostrando qual a razão da vida e da morte física do ponto de vista espiritualista. A segunda parte busca oferecer apoio àquele que ficou abalado pelo desencarne de alguém que amava e sente desânimo de continuar vivendo ou desorientação quanto ao seu destino. Na terceira parte, incluí pela primeira vez trechos psicografados, que não recebi por meio da canalização: são mensagens de consolo de alguns espíritos para seus entes queridos. Esses textos são uma novidade para mim, pois a forma de recebê-los, em transe, delineou-se espontaneamente durante a realização do livro. A quarta parte mostra como dar apoio ao espírito que desencarnou, algo que as pessoas que o amavam podem fazer para ajudá-lo, daqui mesmo, em vez de só chorar o que pensam ser uma perda. Acho que essa é a parte mais importante do trabalho, uma vez que o espírito desencarnado que recebe ajuda tem condições de se orientar melhor depois da morte física, prosseguindo em sua evolução rapidamente.

Este livro não vai acabar com a dor, mas poderá aliviá-la com os recursos e esclarecimentos que traz. O objetivo deste trabalho é levar à ação, ao maior conhecimento da vida espiritual, apontando caminhos que talvez não tenham sido cogitados.

Sou solidária com o sofrimento de quem perde alguém querido, chego mesmo a sentir um aperto no coração quando estou perto de quem sofre algum tormento emocional, por isso acabo minhas consultas bastante cansada. No entanto, eu sempre achei muito difícil interferir na dor alheia, pois ela tem um aspecto de purificação necessário ao crescimento individual. Minha sugestão, respeitando as condições de cada um frente à dor, é não reagir contra ela. É chorar na hora que sentir vontade, deitar na hora da fraqueza, abraçar na hora da carência. Em seguida, tentar compreender, instruindo-se um pouco, enquanto procura fazer aquilo que está ao seu alcance. Tenho sugestões, tento incutir ânimo, mas espero não forçar nada antes do tempo certo, pois o luto, que hoje quase não se usa, é uma questão de respeito à alma, que precisa de tempo para se ajustar às novas situações, principalmente àquelas que ainda não entende bem.

PARTE I

União e Separação dos Espíritos

A vida dos espíritos

O espírito é imortal, portanto sua vida não termina. Ela é uma seqüência de experiências que levam à evolução, cujo objetivo é melhorar a natureza básica, primária. A origem dos espíritos é divina, está acima das leis que regem o nascimento dos seres humanos. Um homem tem pai e mãe, o que não acontece com um espírito. Talvez seja essa a explicação para o sentimento, expresso por algumas pessoas, de que, na verdade, todos estamos sós.

A vida dos espíritos é determinada por uma constante busca de evolução, isto é, eles devem melhorar suas condições sempre. Há espíritos que fazem isso nos mundos dos espíritos e outros que o fazem nos mundos materiais, entre eles a Terra. No nosso planeta os espíritos processam seu crescimento através de dificuldades e testes. A vida aqui não é nada fácil!

Nenhum espírito evolui só quando está na Terra, nem só quando está no mundo espiritual. A alternância entre esses dois estados é mais uma característica da vida dos espíritos.

Quando um espírito tem um corpo material, ele é chamado de espírito encarnado (ou alma), e quando ele não tem corpo físico é chamado de espírito desencarnado. Os espíritos alternam períodos em que realizam sua evolução na Terra com períodos em que estão no mundo dos espíritos, pois cada lugar favorece um tipo diferente de aprendizado. Nos dois estados, os espíritos podem prosseguir em sua busca de crescimento.

Alguns espíritos, mais evoluídos, podem decidir sobre suas encarnações. Eles tomam suas decisões de acordo com as metas de aprendizagem que têm. Outros, menos perfeitos, não possuem discernimento e precisam ter suas encarnações definidas por Deus.

Quando um espírito não aproveita suas oportunidades de crescimento, principalmente aquelas que lhe são dadas no mundo material, ele permanece numa situação estacionária. Se errou muito, pode ficar numa posição intermediária, na qual ainda não pode estar perto de espíritos que desejam ensinar e apoiar, mas também já não faz mais parte do mundo da matéria. Nesse caso, sua condição é penosa. Durante essa fase, ele é constantemente auxiliado por espíritos de mais luz, cuja tarefa é modificar seu padrão de vibração e auxiliá-lo pela instrução. Esses mentores espirituais respeitam, acima de tudo, o livre-arbítrio do desencarnado, não forçando aqueles que se mostram relutantes. É por isso que alguns espíritos ao desencarnar não conseguem perceber a presença de seres dispostos a ajudá-los.

O espírito que nega suas necessidades evolutivas passa por situações de impedimento e padecimento num lugar chamado umbral, onde ficam os espíritos sem luz, que erraram muitas vezes e que não apresentam vontade de melhorar. Durante sua permanência ali, que pode se estender por muito tempo, o espírito experimenta enorme sofrimento e fica sem condições de reencarnar. Por esse motivo, orar e enviar luzes para um espírito que desencarnou é, como mostraremos adiante, muito importante. O espírito que desencarna e logo em seguida prossegue sua tarefa de crescimento não passa por problemas nem angústias.

Os espíritos podem estar em toda parte, transitam pelo mundo material com facilidade, pois não estão tão limitados como o homem pelo espaço e pelo tempo. A matéria nunca é um obstáculo à movimentação de um espírito; ele passa facilmente pelos corpos das mais variadas densidades. Devido a essas características de mobilidade, ele pode estar presente em qualquer tipo de espaço, mesmo naqueles mais difíceis ou impossíveis de serem alcançados por um ser humano encarnado.

Os espíritos desencarnados influenciam a vida dos espíritos encarnados de maneira positiva ou negativa, conforme o nível de aprimoramento da sua constituição. Deus tem controle sobre os espíritos e pode também usá-los como instrumentos para interferir nos caminhos dos homens, caso precisem passar por algum aprendizado, um teste, uma expiação ou karma. O contato entre um homem e um espírito sempre pode sofrer uma intervenção divina.

Os espíritos mais adiantados em sua evolução podem, por vontade própria, servir de auxiliares para transmitir mais sabedoria àqueles com quem se relacionam. Esses espíritos podem atuar desencarnados, quando são chamados de guias espirituais, como também podem realizar esse trabalho de cooperação enquanto encarnados, em missão espiritual, levando uma vida de serviço ao próximo.

As realizações de um espírito, tanto encarnado como desencarnado, dependem do seu grau de perfeição. Todos os dons de um espírito são conquistados em sucessivas encarnações, com muito esforço e trabalho. Mas não existe uma separação definida, nem hierárquica nem por agrupamento, entre os espíritos. Eles se misturam, pois é da ligação e comunicação entre os espíritos que advêm seus progressos. Se eles ficassem sempre restritos a um determinado tipo de convivência, estacionariam. Embora se misturem, eles podem preferir passar mais tempo entre aqueles cuja moral é semelhante à deles. Sabemos, contudo, que é possível dividi-los em diferentes tipos, de acordo com suas tendências básicas.

Um espírito que se alia ao mal, sentindo prazer ou divertindo-se ao praticá-lo, está numa escala evolutiva bem baixa. Se quiser crescer, terá que vencer seu impulso básico para expressar negatividade. Nessa etapa, o espírito não se atormenta muito com suas faltas; ele não desenvolve sentimento de culpa pelo que faz de errado, pois tem poucas faculdades para perceber a extensão de suas falhas. As imperfeições desses espíritos vão diminuindo à medida que eles vão se desligando das sensações materiais.

Os espíritos que superaram as atrações da matéria, mas ainda sentem que há muito a realizar, passam por vidas em que, apesar da consciência de que estão errando, procuram acertar mais do que errar. Percebem, porém, que às vezes ainda são afastados de um caminho de correção total por forças alheias à sua vontade. Quanto mais esses espíritos se angustiarem, menos terão oportunidades efetivas de melhorar. Ao analisar suas falhas, buscando ativamente o autoconhecimento, conseguirão encontrar o modo mais correto de crescer.

E assim, aos poucos, cada espírito vai se aprimorando, até chegar ao ponto em que acumula mais luz do que necessita e passa a ser um irradiador para os espíritos menos evoluídos. Mesmo nessa fase o espírito continua a se aperfeiçoar, pois ainda não encerrou sua busca de perfeição. Só depois de algumas encarnações de serviço ao próximo e aprendizado num nível mais elevado, no qual seres já perfeitos colaboram, é que a capacidade para o bem se firma definitivamente e a plena purificação é alcançada. O espírito é então considerado puro e está livre do ciclo reencarnatório.

Mesmo assim, liberados da necessidade de renascer, existem espíritos completamente purificados que reencarnam com o propósito de melhorar as condições espirituais dos homens. Esse tipo de serviço gera momentos especiais para a humanidade, que tem nessa ocasião a oportunidade de crescer como um todo.

É sempre interessante lembrar que um espírito não melhora pelo fato de desencarnar, mas também não perde nada, nessa passagem, do que já conquistou. Assim, qualquer impulso para se aprimorar numa vida, resulta numa condição melhor e definitiva para o espírito. O que vale é o esforço que ele empreendeu na conquista da qualidade pretendida. Sempre existe, porém, o risco de permanecer estacionado, desperdiçando a oportunidade de crescer.

A ignorância é a base da imperfeição dos espíritos. É

por isso que a instrução espiritual deve sempre estar em primeiro lugar na educação dos filhos. Ensinando-os com amor sobre todas as questões espirituais evita-se que estacionem e atrasem sua evolução. Ao receber uma luz, o espírito se fortalece com a base protetora do conhecimento, e tem condições de superar suas dificuldades e testes durante a vida. Ele terá condições de perceber quando está passando por um teste no qual deverá mostrar que realmente não abriga mais determinada tendência para o mal. Ou então será capaz de discernir, numa situação kármica, qual é o aprendizado de que precisa para libertar-se definitivamente do laço que o prende. E mostrará mais tolerância com as dores que o purificam, por saber que foi ele mesmo quem as escolheu.

Os objetivos encarnatórios

Já vimos que cada espírito tem seus objetivos encarnatórios, objetivos esses que atendem às suas necessidades individuais de aprendizado. Vimos também que as principais lições a aprender relacionam-se com as situações kármicas, com os testes e com as purificações.

Sobre as situações kármicas, há um livro, editado pela Editora Pensamento, intitulado *Karma: a origem da dor*, no qual o leitor poderá encontrar muitas informações. O karma não é bem um objetivo de uma encarnação. O espírito que tem certo discernimento poderá escolher antes de encarnar quais situações kármicas quer vivenciar, o que certamente haverá de estabelecer algumas imposições e limites a esse espírito. Essas situações kármicas determinarão a família que o acolherá, qual o companheiro que lhe será possível encontrar, quais os filhos que deverá gerar, com quais amigos conviverá, em que grupo racial nascerá e, até mesmo, em qual país encarnará. É interessante conhecer mais sobre a questão do karma, pois isso nos permite compreender certos fatos relacionados com aquele que desencarnou e sua ligação com o sofrimento experimentado pelos que o amavam na ocasião de sua morte.

As dificuldades, que também são chamadas de expiações, estão entre os objetivos principais do espírito que encarna. Havendo certa capacidade por parte do espírito, lhe é permitido escolhê-las antes de encarnar. Quando ele tem pouco conhecimento, cabe a Deus estabelecer as condições expiatórias para que cumpra seu aprendizado. Desse ponto de vista, as dificuldades da vida de cada um são excelentes oportunidades de crescimento. Quando corretamente interpretadas, as dificuldades que temos representam limites a ultrapassar, e não um sofrimento sem razão de ser. É verdade que a dor trazida por uma condição expiatória difícil abate qualquer alma e pode gerar até uma sensação de peso insuportável. Mas se for possível manter a mente clara, haverá facilidade para entender aquilo que a dificuldade está tentando ensinar.

Sempre existe uma lição por trás de acontecimentos negativos, sempre há acréscimo de sabedoria a alcançar nos momentos difíceis. Não se trata de ficar conformado, inativo, deixando-se derrubar por algo ruim. É aprender com a dificuldade e depois incorporar o aprendizado à bagagem que o espírito traz. Entendida a lição, partir para novas atitudes, nas quais se incluem todas as maneiras de superar tal dificuldade.

Os espíritos mais evoluídos têm ao seu alcance uma maneira de evitar as condições expiatórias pesadas: o cumprimento de uma missão. Isso não quer dizer que os espíritos menos evoluídos não possam realizar alguma atividade missionária; eles também podem, mas sua menor capacidade de discernimento não lhes permite, na maioria das vezes, compreender o que é uma missão. Quando os espíritos menos evoluídos têm uma determinada missão, sua atividade é mais de suporte do que propriamente de ajuda espiritual ao semelhante. Essa situação não impede o seu crescimento. É o caso do senhor que cuida dos carros à noite na frente do centro espírita em que costumo tomar passes e assistir palestras: ele faz, dentro da sua capacidade, algo que lhe é possível. Nunca pede dinheiro para cuidar dos carros; como ganha um prato de sopa e roupas da casa espírita, quer fazer algo em troca e faz o que está ao seu alcance.

Os espíritos que acumularam alguma luz e podem passar a irradiá-la assumem tarefas espirituais de maior responsabilidade. Quando alguém se dedica à caridade, à instrução espiritual, às atividades mediúnicas de alto nível, ao serviço de cura, está cumprindo uma missão. Essa maneira de prosseguir sua evolução afasta muitas das condições expiatórias, pois, ao servir, o espírito não está mais visando apenas o seu próprio crescimento, mas está colaborando para que outros espíritos possam melhorar sua situação material e espiritual.

As provações também são um objetivo encarnatório. São testes para o espírito que já adquiriu algum avanço.

Elas existem para mostrar ao homem o que ele realmente alcançou e o que ele pensa que já realizou, mas que ainda está por fazer. Por exemplo: um homem passa anos de sua vida tentando superar a impaciência. Ele tem consciência dessa falha na sua estrutura e deseja eliminar esse comportamento. Recorre à terapia, a orações, à meditação e, um dia, acredita que já é senhor da paciência. A partir daí ele pode, a qualquer momento, ser testado para demonstrar se realmente superou sua deficiência. São filas de banco insuportáveis, subordinados incompetentes, filhos arrogantes, tarefas extremamente repetitivas. Várias situações, em todos os níveis, podem aparecer em sua vida para que demonstre a si mesmo se tem o domínio desejado: o poder sobre a impaciência.

Existem provações maiores e menores, elas dependem da seriedade do objetivo e da luta interna do espírito. Certos valores espirituais trazem provações dificílimas, pois a alma que os conquista deve mostrar que realmente incorporou à sua natureza tais valores. Os testes acontecem num grau menor durante a vida em que a alma trabalha para dominar uma deficiência. Depois que se julga possuidor de determinada qualidade, o espírito pode ser testado noutras existências. Nesse caso, os testes são mais severos, exigindo mais força espiritual para demonstrar sua verdadeira condição. No exemplo acima citado, no qual o domínio da paciência era o objetivo da alma, o mesmo espírito pode ser testado numa outra vida com a necessidade de cuidar por vários anos de uma pessoa entrevada num leito, sem poder sair e viver em liberdade.

Independentemente do objetivo encarnatório, o homem

sempre conserva seu livre-arbítrio: ele pode ou não seguir suas determinações. A desistência em alcançar um objetivo significa perda de uma encarnação e dificuldade para reencarnar em outra oportunidade. É uma situação de atraso espiritual que ocorre cada vez menos à medida que a consciência do espírito vai se firmando.

Entre as razões para a falha no cumprimento de um objetivo encarnatório estão as influências dos espíritos negativos, que tentam a alma com as mais diversas ilusões de satisfação e felicidade eternas, longe dos sacrifícios encontrados ao trilhar o caminho de um crescimento sadio.

Mas, então, só se cresce por meio da dor? A vida tem que ser uma seqüência de padecimentos contínuos? Claro que não! É importante afastar a idéia de que só se consegue superar uma dificuldade por meio de muito sofrimento. Todos os objetivos encarnatórios trazem em si a capacidade de realizar na mesma vida em que se aprende a lição que eles encerram a transmutação das energias negativas em positivas. Isso se faz com vontade firme de agir e serviço, muito serviço, principalmente pelo próximo. O trabalho que era uma expiação pode tornar-se fonte de riquezas materiais e de sucesso. Os relacionamentos familiares e afetivos conflituosos passam a ser, depois de bem trabalhados, razão de felicidade e harmonia. A saúde frágil é restabelecida quando há envolvimento com uma missão e o indivíduo aprende a perdoar. E o sofrimento pela perda de uma pessoa amada, razão do nosso livro, que é uma forte condição expiatória ou uma provação, também pode ser assim transmutado, embora a lembrança da dor ainda permaneça.

As afinidades e as uniões entre os espíritos

Quando pensamos em afinidades, tendemos a entendê-las de acordo com os mesmos conceitos que temos para as ligações materiais. As afinidades existentes entre os espíritos são muito diferentes das que existem entre os homens. Os homens têm um corpo material, em que o aspecto físico é muito forte. As funções glandulares, por exemplo, são determinantes na atração existente entre um homem e uma mulher, fato que não existe entre os espíritos.

Os espíritos criam afinidades cuja base está na semelhança evolutiva. As boas tendências predominantes num espírito o farão associar-se a espíritos de igual condição. As tendências negativas são, da mesma forma, o impulso atrativo que aproxima espíritos negativos. Espíritos missionários aliam suas forças, almas em busca de perfeição trocam idéias com almas que têm objetivos semelhantes.

Um mau espírito vai sentir repulsa por um espírito evoluído, pois sabe que suas tendências negativas podem ser percebidas por este. Um espírito com luz é uma ameaça para aqueles que não a têm, uma vez que ele poderá desaprovar seu comportamento e opor-se a eles. É por isso que espíritos avançados sofrem ataques espirituais freqüentemente, muitas vezes de seres que nem sequer conhecem.

O espírito bom, por sua vez, é capaz de sentir a mesma repulsa sem, no entanto, manifestar negatividade. Sua tendência será evitar a presença dos espíritos negativos, afastando-se deles sem raiva. Algumas vezes, porém, um espírito evoluído atrai um espírito sem luz que pode ajudar.

Esse é o caso dos terapeutas, dos médicos, dos assistentes sociais, dos artistas. Todos os seres que possuem uma missão espiritual atraem muitos seres desajustados em processo de purificação. É o magnetismo do missionário que gera algumas situações desagradáveis como telefonemas inoportunos, fãs histéricos, inimigos ocultos. Esses fatos advêm da vontade inconsciente que o espírito de pouca evolução tem de receber ajuda para crescer. Podem ser desagradáveis, mas representam importante pedido de socorro, que o missionário sensível saberá interpretar corretamente, ao mesmo tempo que impõe seus limites.

O fato de que a semelhança de nível evolutivo é a base para as aproximações espirituais deu origem à regra geral de que um espírito atrai seus semelhantes. O bom espírito buscará os que têm igual padrão de vibração, e com eles sentirá grande afinidade. Os espíritos não deixam, contudo, de respeitar certas necessidades evolutivas e podem passar períodos de convivência com espíritos com os quais não têm afinidades.

No mundo dos espíritos é regra estarem unidos espíritos afins. Na Terra, onde os objetivos da evolução têm precedência sobre as inclinações naturais, podem acontecer aproximações motivadas por: karma, provação e expiação. São esses fatores que regem as uniões espirituais, que determinam casamentos, sociedades, famílias e outros agrupamentos espirituais conflituosos entre os espíritos encarnados.

Quanto às uniões, elas costumam ser estáveis entre os espíritos harmonizados e tendem às separações no caso dos espíritos de pouca luz. Temos que separar as uniões no mundo dos espíritos das que acontecem na Terra.

Os grupos espirituais desencarnados estão agrupados por uma razão apenas: afinidade. É por isso que essas uniões são permanentes e acabam formando a chamada família espiritual. Seres assim reunidos reencontram-se muitas vezes, encarnados ou não, vivendo experiências de alto nível. Quando desencarnados, mantêm a memória de tudo o que já viveram juntos, mas enquanto encarnados, não têm essas lembranças vivas; apenas sentem impulsos fortes de atração, que não conseguem definir racionalmente. Podem viver, nesse caso, a mesma situação que têm no mundo dos espíritos (como repetir a experiência de mãe e filho, por exemplo), mas podem estar apenas próximos, sem um envolvimento familiar, e mantendo uma grande amizade aqui na Terra. Essa é a explicação para casos em que alguém afirma ter encontrado num colega de trabalho um irmão mais sincero do que um irmão carnal. Toda ligação entre espíritos afins de bom nível evolutivo é duradoura; por isso há mais felicidade nas uniões assim realizadas.

Aqui na Terra as uniões já não acontecem só pela afinidade entre espíritos de mesma situação evolutiva. Essa maneira de aproximação dos espíritos é a primeira inclinação da alma e seria a mais espontânea forma de união. Os que já têm certa capacidade realmente acabam por se agrupar assim. No entanto, outras razões, de ordem material, determinam a aproximação dos espíritos encarnados, e todas elas são geradoras de conflito.

Convém comentar também que não existe uma união material ou espiritual totalmente predestinada, pois, acima dos desejos espirituais, está a força do livre-arbítrio, que pode alterar qualquer situação.

A possibilidade do reencontro

Os espíritos de grau evolutivo semelhante podem, como já vimos, formar famílias espirituais, agrupando-se quando desencarnados. As reuniões no mundo dos espíritos acontecem sempre que exista algum objetivo elevado e são uma pausa que ajuda na recuperação de espíritos com grandes responsabilidades.

A idéia de que poderemos encontrar, ao desencarnar, alguém que desencarnou antes, é verdadeira. Os bons espíritos são acolhidos no mundo dos espíritos por aqueles que fazem parte de seu grupo espiritual, e podem receber ajuda e conforto, caso estejam desorientados. Contudo, aos espíritos negativos esse prazer é negado, pois eles se isolaram no erro, e a punição que receberão é a solidão temporária. Ao reconhecer que precisa melhorar, o espírito poderá começar a receber apoio de outros espíritos, cuja função é dar amparo aos que estão desorientados. Mais tarde, em outras condições, também será possível o reencontro.

Os reencontros no mundo dos espíritos apresentam algumas diferenças. Temos que saber que as aproximações não vão ocorrer apenas entre aqueles que têm afinidade. Inimigos também irão se encontrar depois do desencarne. Se suas diferenças ocorriam em situações puramente materiais, as razões para a inimizade deixarão de existir no mundo espiritual. Nesse caso, a reconciliação será fácil, e benéfica para ambos. Imagine dois homens que disputaram o amor de uma mesma mulher, muito atraente, na Terra. Quando desencarnados, o motivo de sua disputa se esvaziou, pois a atração puramente física não existe entre os espíritos. A compreensão de que a desavença era totalmente vã fará com que ambos compreendam que cessou a inimizade, e a reconciliação é espontânea.

Alguns espíritos de pouca evolução não conseguem perceber que sua situação mudou; por isso, em certos casos, continua havendo inimizade após o desencarne. Alguns, com muito pouca luz, podem perseguir e atormentar seus inimigos no passado. Isso é mais comum do que parece. Sabemos que ocorrem perseguições espirituais na Terra e no mundo dos espíritos.

Os amores e amizades só continuam depois do desencarne para os espíritos que tinham na Terra uma união cujo fundamento não era puramente físico. Marido e mulher que se apegavam por razões puramente sexuais ou financeiras não terão mais motivos para permanecerem juntos depois de desencarnados. Amizades que se estruturavam no poder ou no interesse material de uma das partes se desfazem e não prosseguem no mundo espiritual. Relacionamentos kármicos esgotados, cuja lição foi aprendida, libertam os espíritos do reencontro.

Porém, amizades legítimas, cuja base era o respeito, a admiração, o apoio, e não apenas uma troca de interesses, essas permanecem, pois são necessidades profundas de uma alma que se purifica. Nesse caso o reencontro é feliz e a beleza da ligação tende ao reforço mútuo. A solidez do relacionamento assim construído fará com que os reencontros se sucedam e não aconteçam apenas uma única vez.

Existe a possibilidade de que um espírito de maior elevação se reencontre com outro, embora eles não sejam da mesma faixa de desenvolvimento. Nesse caso, aquele que é mais evoluído se sacrifica, permanecendo estacionado na mesma faixa que o outro, enquanto colabora com seu crescimento. Isso acontece entre espíritos que têm uma inclinação parecida, que podem se igualar com um pouco de esforço. Para o espírito mais evoluído, essa é uma demonstração de amor e também traz algumas situações de provação que, de certa forma, também auxiliam num acréscimo da sua força moral.

Os reencontros atendem, porém, a razões muito mais elevadas do que a simples satisfação de um sentimento de saudade. No mundo espiritual, a melhoria das condições morais do espírito, isto é, sua evolução, continua se processando. Nos reencontros está uma série de fatores que facilitam a aceleração dessas melhorias, pois, livre dos limites do corpo físico, as questões a enfrentar se tornam puramente imateriais, sendo trabalhadas com uma visão menos limitada por aspectos físicos. O corpo físico é para o espírito uma limitação muito grande; ele dificulta todo aprendizado elevado.

Quando o espírito é libertado do corpo físico, as capacidades que já adquiriu ficam mais fortes. Ele tem plena consciência dos aprendizados que já efetuou em todas as suas encarnações, pode parar para analisar suas novas necessidades evolutivas, pode colocar suas potencialidades a serviço dos que ainda lutam para superar um estado de ignorância primário. Assim, os reencontros podem representar uma soma de forças na realização de tarefas em comum.

Quanto aos reencontros, podemos afirmar com segurança, portanto, que todo aquele que anseia por rever as pessoas que amou haverá de estar novamente junto a seus espíritos. É bom que se entenda que as condições serão muito diversas das que tiveram. Por isso, as experiências serão muito diferentes daquelas que tiveram na Terra. Podem se decepcionar aqueles que criam fantasias acerca desse reencontro, imaginando que a situação será a mesma que antes.

Alguns reencontros só ocorrem em encarnações posteriores. Esses reencontros atendem a necessidades evolutivas, que têm como base o karma e o apoio mútuo.

A convivência no mundo espiritual

Já que dissemos que no mundo espiritual as coisas são diferentes talvez seja interessante saber como é que elas tendem a ser depois do desencarne.

No próprio instante da morte física, o espírito é esperado por espíritos de apoio. São seres de luz que têm no mundo espiritual a função de auxiliar as pessoas no momento do desencarne. À semelhança do momento do nascimento, essa hora é sempre crítica para o espírito, mesmo que ele seja bem preparado. Alguns se desorientam, principalmente se a morte não era esperada e acontece com uma certa violência. Nesse caso, esses espíritos dão muito trabalho até serem acalmados. Os espíritos de apoio podem ser auxiliados nessa hora por espíritos da família espiritual daquele que desencarna.

Os espíritos de maior consciência aceitam seu novo estado com certa facilidade; entram em contato com os espíritos de apoio, alegram-se com os amigos e familiares que reencontram. Muitas vezes passam ainda algum tempo em volta dos espíritos aos quais eram ligados na vida terrena, como numa despedida, e depois se encaminham para uma nova etapa de sua vida.

Os espíritos de pouca luz, com graves falhas e erros passados, desligaram-se de uma consciência sadia e passam por muitas dores ao desencarnar. Esses, na maioria das vezes, nem sequer conseguem perceber a presença dos espíritos que vieram recebê-los no mundo espiritual. Alguns não entendem de imediato que não têm mais um corpo material. Revoltam-se com sua nova condição, e não a aceitam de forma alguma. Outros, mais perturbados com o ocorrido, podem tentar experimentar sensações físicas pela tomada de posse de um corpo material. Usam para isso seres encarnados de pouca força moral, aos quais assediam. Espíritos assim, enquanto não conseguem superar essa revolta interna, não têm praticamente nenhum contato com espíritos de luz. Sua convivência será apenas no nível dos espíritos atormentados, em torno dos quais eles eventualmente podem se agregar. A solidão é um dos sofrimentos dos espíritos atrasados; por isso, não é sempre que eles estão juntos.

Mas vamos ver como seria a convivência dos espíritos que ultrapassaram a ignorância básica e podem realizar no mundo espiritual alguma tarefa. Sua vida será bastante semelhante à de um homem trabalhador aqui na Terra. Ele terá momentos em que deverá assumir responsabilidades e exercer sua função, trabalhando. Pode ser um espírito de apoio, como já vimos que existem, mas há muitas outras atividades que pode exercer: atividades de cura entre os espíritos encarnados e desencarnados, responsabilidades de guiar a instrução dos espíritos, organização das situações e dos grupos de trabalho, assembléias para discussão dos assuntos comunitários, visitas à Terra para atender às necessidades dos encarnados, amparo à estrutura da cidade espiritual em que habita etc. Junto com o que chamaríamos de obrigação, vem a parte de crescimento individual. Os espíritos têm tempo, entre suas obrigações, para crescer como mentes de luz, instruindo-se.

Os espíritos geralmente têm tarefas em comum. Eles preferem trabalhar em grupos, pois assim têm mais força. O trabalho solitário é pouco enaltecido entre os espíritos, sendo considerado sinal de pouca evolução. Os espíritos gostam de atuar em grupos principalmente porque essa união os protege.

As famílias espirituais passam por momentos de lazer e satisfação bastante semelhantes àqueles que tinham aqui na Terra. A vida é mais fácil, uma vez que não há pressões materiais.

O momento em que um dos membros da família espiritual volta a encarnar é quase tão crítico quanto o momento do desencarne aqui na Terra. A separação é menos dolorosa para os que ficam no mundo espiritual, pois eles são mais esclarecidos que nós encarnados. No entanto, para o espírito que vai encarnar, o processo gradual de perda de memória, que ocorre ao ir para o óvulo dentro da mãe, é uma etapa que dá margem a certos temores. Por isso ele precisa tanto de ajuda quanto o doente que está para falecer. A idéia de perder a memória gera muita insegurança.

Muitos paralelos podem ser traçados entre a vida no mundo dos espíritos e a nossa aqui na Terra. A bibliografia espírita tem livros muito interessantes e o leitor que deseje mais instrução a esse respeito faria bem em procurar os livros de Francisco Xavier, que descrevem essas situações claramente.

Necessidades afetivas dos espíritos

Os espíritos mais esclarecidos não têm as mesmas características afetivas que os encarnados, ou melhor dizendo, eles podem ter necessidades afetivas, mas estas não se manifestam por meio de nenhum tipo de carência angustiante.

Uma das causas da imensa dor de quem vê desencarnar um parente ou amigo, é a sensação de perda que se abate sobre a alma. Mesmo entre os mais informados sobre as questões espirituais há muito abatimento. Conhecer mais sobre a morte física, do ponto de vista espiritualista, e todas as suas implicações, evita muito sofrimento desnecessário.

Os espíritos não reagem à separação da mesma forma que os encarnados. Essa reação varia segundo o seu grau de evolução espiritual. O espírito de menos luz lamenta muito perder o corpo material, pois sem ele não pode mais experimentar as sensações físicas que lhe davam tanto prazer. Essa insatisfação é transposta para sua vida afetiva. Ele tem dificuldade para imaginar como é o amor sem o sexo, como é a amizade sem as reuniões com cerveja e festa, como é desfrutar as alegrias mais simples de uma convivência tranqüila. Então, confuso, ele acredita que não existe mais amor ou amizades no mundo espiritual, o que o faz se sentir muito só. Ao mesmo tempo, ele ainda passa por angústias geradas pelos sentimentos de raiva, inveja, impaciência e todo tipo de revolta pela sua condição presente. As companhias que eventualmente possa encontrar são seres tão ou menos evoluídos que ele, que em nada podem amenizar o seu sofrimento. Depois de muito padecer, sua manifestação básica de negatividade pode enfraquecer, e haverá oportunidade de receber instrução, com o apoio de outros espíritos de mais luz.

Nos espíritos cujo processo de evolução está mais adiantado, a noção da verdadeira ligação afetiva é mais clara. Eles têm informações que lhes permitem ultrapassar a idéia física do amor. As angústias são menores, as necessidades das presenças dos espíritos de seu grupo familiar são menos pressionantes. Ele consegue esperar pelo momento do reencontro, certo de que haverá muitos deles.

As necessidades afetivas são colocadas num nível aceitável, sem pressões de nenhuma espécie, principalmente aquelas que estão fundamentadas nos prazeres apenas físicos. A futilidade e a vaidade também não resultam em nada no mundo espiritual, onde não se valoriza aquilo que enaltece o ego.

As ligações afetivas de qualquer nível que estiveram apoiadas em bases sólidas, sem razões materiais, tendem a tornar-se mais ricas à medida que as reencarnações se sucedem. Aquelas que tinham sua origem em impulsos materiais haverão de terminar naturalmente, não restando, com o passar do tempo, nenhuma lembrança.

No amor espiritual não existe a necessidade da presença constante e renovada. Sabemos que são esses fatores que geram o tormento da angústia à simples idéia da privação da presença amada, que com a morte se concretiza. No amor entre espíritos esclarecidos, a liberdade e o desapego são prova de maturidade e evolução.

Quem vai e quem fica

Para o espírito, desencarnar é como despir uma roupa. A sensação não é dolorosa. Para os espíritos de maior conhecimento, que podem perceber o que lhes está acontecendo, ela não precisa ser traumática. Depois de um primeiro momento de surpresa, o reajuste às novas condições acontece naturalmente.

As pessoas que passaram por traumas e que viram, como se diz, a morte de perto, nunca descrevem essa sensação de abandonar o corpo como uma coisa ruim. Dizem que, num instante, rápido como um *flash*, viam passar sua vida como um filme à sua frente e, sentindo uma forma de paz, eram atraídos para uma grande luz. Alguns, que foram mais longe, relatam ter visto o próprio corpo de fora, mas, sem muita angústia, sentiam que estavam vivos.

Quem fica sempre sente dor e descreve uma sensação de impotência somada à de perda. Isso é natural, uma vez que estamos acostumados a medir a felicidade com conceitos materiais, em que a proximidade física daquilo que apreciamos nos é muito cara. A base da alegria e do prazer está sedimentada na repetição. Temos ou usufruímos de algo e já colocamos nele a idéia de que só é bom caso possamos repetir. No momento em que acaba, é inevitável que se sinta dor, acompanhada de uma sensação de perda.

Quem fica também passa por um momento em que é confrontado com a morte, e vê retornar seus medos e ansiedades acerca desse assunto, que tem pouca solução na nossa sociedade, pois não conseguimos olhar a morte de frente, não aprendemos a ver o que ela é de verdade. As dúvidas sufocadas até então tomam forma diante da realidade que tem de ser experimentada. Nessa hora, o medo de ter que olhar diretamente para o fato e analisar o assunto "morte" soma-se à tristeza de estar se separando de alguém que se ama.

Como existe ainda a lembrança do estágio espiritual mais básico, animal, acrescenta-se a toda confusão mental de quem fica o instinto de preservação. Esse instinto está impresso no espírito devido às suas vidas anteriores numa fase de pouco esclarecimento. São lembranças inatas, que pressionam à luta pela sobrevivência.

O espírito que desencarna e logo recupera sua memória, não tendo muitas cargas negativas, logo percebe que a morte é um estado de transição, curto, que abre espaço para novas experiências.

O sofrimento será experimentado apenas pelos desencarnados cujos espíritos estão confusos e ainda ligados à matéria. Esses podem ser ajudados a recuperar sua capacidade de crescer pelos que ainda estão encarnados. Tal será o tema principal da última parte do nosso livro. Os espíritos de certa evolução sofrem apenas quando presenciam a dor daqueles que ficaram, uma vez que pouco podem fazer para aliviá-la.

A importância de entender corretamente o momento

Como vimos, a tranqüilidade do espírito que desencarna depende muito do procedimento de quem fica, da ajuda que ele deseja receber e também do tipo de assistência que lhe é dada nesse instante. Uma vez que a morte é menos traumática para aqueles que sabem o que ela representa para o espírito (isso vale tanto para os que ficam quanto para os que vão), todos os encarnados deveriam se instruir mais sobre o tema, já que é algo pelo qual passarão com certeza.

A morte é vista como algo que devemos esquecer ou deixar para entender mais tarde. Poucos aceitam de imediato a idéia de pensar no assunto com profundidade, de ler sobre ele, encarando-o como algo atuante dentro da existência. Por trás desse comportamento de aparente alheamento está o medo da morte. Pode ser um medo consciente ou inconsciente, mas ele existe.

Em primeiro lugar, convém entender o que causa o medo da morte, percebendo onde ele se estrutura. Algumas das bases desse medo são:

1. Medo do desconhecido, pois se trata de uma experiência nova, da qual não se ouvem relatos.
2. Dúvidas a respeito da imortalidade, por falta de instrução espiritual e religiosa.
3. Tristeza ao pensar em se afastar dos entes queridos, causada pelos apegos excessivos.
4. Grande apego às posses materiais, cuja idéia de perda é insuportável.

5. Lembranças inconscientes de mortes traumáticas experimentadas em outras vidas.
6. Insegurança quanto à capacidade de, desencarnado, manter sua consciência individual; medo de se fundir numa consciência coletiva.
7. Idéias trazidas por alguma instrução religiosa equivocada sobre o inferno, gerando medo de ir para lá, tendo que enfrentar um Deus castigador.
8. Incapacidade de estabelecer para si propostas de crescimento espiritual, por viver apenas em função de metas materiais.
9. Medo da dor física na hora da morte, de ver a súbita destruição do corpo por lesões.
10. Traumas ocasionados por presenciar mortes com muito sofrimento, principalmente de pessoas queridas.
11. Medo da solidão; aversão à idéia de ficar isolado, perdido num espaço vazio.

Existem outras razões para o medo da morte, e em todas elas reside alguma forma de desconhecimento. No estudo das teorias espiritualistas que tratam da vida dos espíritos, podemos encontrar suporte e informação que orientam o aprendizado sobre a morte. Uma vez que todos morrem, cada pessoa, em algum momento, deveria se dedicar à compreensão do que é a morte e preparar-se corretamente para passar por essa experiência.

Procurar entender a morte não é uma atitude mórbida; é antes uma base para se viver melhor, mais corretamente, de forma a aproveitar integralmente o tempo que temos de vida. Quando você vê uma pessoa muito ativa e se surpreende com a intensidade vital que ela coloca nos seus atos, pode ter certeza de que se trata de alguém que entende da morte, e que, justamente por saber dos próprios limites, passa melhor pela vida, até conseguir realizar algum progresso para sua alma.

A morte significa, por outro lado, liberação para o espírito que já cumpriu seu destino. Através dela a perfeição é retomada, os limites físicos são suspensos. Na vida carnal temos um tipo de consciência, própria da matéria, que está submetida às impressões dos sentidos. Na vida fora do corpo ocorre uma alteração de consciência, na qual se rompem os limites dos sentidos e nos são permitidas novas sensações, ainda que não materiais, mais amplas, sem limites. A morte é uma caminhada para a verdadeira vida, na direção da luz, em busca do progresso acelerado.

Para nós é muito mais fácil nos identificarmos com a matéria, visto que nosso corpo e nossas impressões, que são limitadas por ele, apenas extraem prazer das sensações físicas. Para conseguir entender a libertação que a morte significa, temos que nos ligar a valores menos materiais, aperfeiçoando a alma ainda em vida.

Os dias seguintes à morte

Para o espírito, os dias que sucedem ao desencarne são delicados. Nesse instante, entre outras mudanças às quais precisa se adaptar, ele tem que aceitar o fato de não poder mais entrar em contato com aqueles que ama. Imagine, então, o que sente um espírito ao presenciar a dor e o sofrimento das pessoas que choram pela sua morte, sem poder fazer nada. É claro que, se não fosse assim, ele poderia supor que não era querido; no entanto, ver muita dor pode abater suas forças. A conseqüência mais grave dessa angústia, causada pelo fato de presenciar a dor dos que o amam, pode ser a sua permanência entre eles por mais tempo do que deveria, sem se encaminhar para sua nova vida.

As freqüentes visitas ao cemitério é outra atitude dos vivos que perturba muito os espíritos que acabaram de desencarnar. Eles acompanham essas visitas à sua sepultura e presenciam a decomposição de seu corpo material. Alguns espíritos não dão mais importância ao corpo material, mas outros, por serem menos esclarecidos, podem sofrer muito ao ver a destruição de sua antiga forma. Um espírito assim impressionado poderá se revoltar com essa situação, fato que talvez ainda não tivesse ocorrido.

O apoio dado nesses momentos pode ser-lhe proporcionado nos ambientes em que ele mais apreciava estar quando encarnado. No Hyde Park, em Londres, sentei-me num banco em que havia uma placa em homenagem a um poeta que gostava de ficar ali no final da tarde. Por que não fazer assim? Orar, acender uma vela ou simplesmente conversar com o espírito nos lugares que eram especiais para ele pode ser muito mais interessante do que ir sempre ao cemitério.

Assistir às cerimônias da religião que o morto seguia é muito importante, pois durante sua celebração, ele é amparado pelas entidades espirituais que estão ligadas a essa religião.

A alma, ao abandonar o corpo, usa preferencialmente três saídas, de acordo com o tipo de vibração do seu espírito. Tocar levemente esses pontos, logo após a parada do coração, pode ajudar no desencarne. Esse toque é feito com o dedo médio da mão direita, com pequena rotação no sentido anti-horário. Os pontos, que correspondem a três chakras, são desbloqueados com essa pequena massagem, e abrem espaço para o espírito sair. Vamos ver quais são esses pontos e que tipo de espírito prefere cada um deles como porta de saída:

1. O SÉTIMO CHAKRA, localizado no alto da cabeça. Essa é a saída usada preferencialmente pelos homens que, durante a vida, deram mais ênfase ao intelecto, ao uso da mente. Os espiritualistas teóricos, os filósofos e outros estudiosos seriam inclinados a usar essa porta.
2. O QUARTO CHAKRA, localizado no coração. Essa é a saída preferida pelos que eram considerados por todos como pessoas bondosas, cuja vida foi dedicada à caridade e às questões que beneficiavam a comunidade em que viviam. Os espiritualistas que serviram ao próximo, os missionários, estariam propensos a usar essa porta.
3. O TERCEIRO CHAKRA, localizado na região do estômago. Essa é a saída usada pelos espíritos de maior ligação com a matéria e com a forma, espíritos cujas tendências materiais eram muito evidentes: ambição e sexualidade acentuadas, expressão livre de todas as fortes emoções negativas.

Os sensitivos são capazes de visualizar a saída do espírito como uma tênue nuvem que se esvai. Mesmo vários dias após a morte, o espírito tem facilidade para produzir efeitos físicos, como batidas, aparições, contatos durante o sono. É de se esperar que esses fenômenos aconteçam, uma coisa muito comum, que todo mundo sabe. Essas manifestações podem ser positivas ou negativas, de acordo com a natureza mais ou menos evoluída do desencarnado. Não deveriam ser, contudo, motivo de muito alarme, a não ser que comecem a representar transtorno sério ou que alguém próximo comece a manifestar sintomas de assédio. Nesse caso, é necessário ajuda espiritual, para se evitar conseqüências mais graves.

Outras informações sobre o que fazer pelo espírito que acaba de desencarnar estão na quarta parte deste livro.

As mortes súbitas

Todas as situações geradoras de morte inesperada são traumáticas para quem fica. No entanto, para o espírito que desencarna, elas podem ou não ser difíceis. As mortes por acidente, catástrofe da natureza, assassinato, aborto provocado ou afogamento, por exemplo, sensibilizam a alma, que se vê obrigada a abandonar o corpo sem ter sequer idéia de que era chegada a hora de seu desencarne. Mesmo para os espíritos mais evoluídos, isso pode ser um susto, mas é algo passageiro, pois o conhecimento que têm facilita a rápida retomada da consciência.

Os espíritos de pouca instrução, e com muita ligação com a matéria, levam muito tempo para se adaptar à nova situação. A revolta, o medo e as tendências à vingança, além de outros sentimentos negativos, provocam neles uma reação violenta ao se chocarem com a nova realidade. A razão disso é o fato de terem apenas contato com as sensações proporcionadas pela matéria. Na hora da morte, eles não conseguem, absolutamente, perceber o que está acontecendo. Podem pensar que estão sonhando, que se trata de um pesadelo. A capacidade que todos os espíritos têm de ver o próprio corpo desfalecido logo após o desencarne é mais um fator que aumenta o sofrimento pelo qual passam. Quando terminam por perceber sua verdadeira situação, revoltam-se.

Esses espíritos precisam de muita atenção: recebendo luzes através de orações e visualizações, sendo instruídos mesmo depois do desencarne, o que não é muito difícil de fazer.

A morte com grande sofrimento

Para o espírito, a dor sempre representa uma purificação. Presenciar o sofrimento de quem amamos é muito difícil, é insuportável, talvez. Porém, compreender que esse processo representa uma limpeza que o libertará de futuras dores ainda maiores, pode ser um consolo.

Mesmo aquele que não adotou durante a vida atitudes negativas, mas passa por uma doença com muito sofrimento, pode ter escolhido como objetivo encarnatório essa purificação final por erros de vidas passadas.

Tudo que puder aliviar a dor é válido, exceto revoltar-se contra ela. Os recursos alternativos e os medicamentos que aliviam as dores podem sem usados sem que interfiram no processo de purificação. As conversas que tiram a amargura do sofredor, fazendo-o recordar coisas boas do passado são positivas. Oferecer aos poucos alguma instrução, que esclareça a pessoa acerca das razões do sofrimento, é uma atitude muito válida, que prepara o espírito para o desencarne.

A situação de suspensão chamada de coma não representa dor física para a alma, mas está entre as que classificamos como sofrimento. Há, do ponto de vista espiritualista, dois tipos de coma: o restaurador e o de luta. No coma restaurador, a morte não deve acontecer, pois a alma ainda terá uma oportunidade de retomar a evolução pretendida para a vida presente. Ele é como que uma sacudida, recebendo um alerta de que o tempo, referente à vida material, é curto, e deve ser bem aproveitado. No coma de luta, o resultado é a morte. A alma está em processo de retirada, já cumpriu seu tempo, mas os aspectos materiais são pressionantes. As pressões criam conflito entre o que o lado mais perfeito do espírito determinou e o que sua ligação com a matéria ainda pretende. Essa luta pode ser demorada, o que torna esse um momento delicado para todos. Assim, quando a morte advém após um coma de luta, é sinal de que o espírito venceu, a alma foi libertada da matéria e vai crescer em breve.

A morte como resultado do erro

As situações em que a própria pessoa foi a causadora de sua morte, tais como o uso de drogas que causam lesões irreversíveis (cigarro, álcool etc.), uma *overdose* de tóxicos, o suicídio, a exposição consciente a vírus fatais como o da Aids e outras mais, podem significar para o espírito a interrupção da sua evolução espiritual.

A vida tem objetivos maiores do que apenas usufruir do corpo e das sensações materiais. Quando esses objetivos são negados drasticamente ao espírito, através da eliminação do corpo que ele utilizava, a gravidade desse fato gera muita perturbação ao espírito que desencarna. Os que amavam a pessoa também passam por momentos muito delicados, pois a alma que desencarna dessa forma fica completamente abandonada até que manifeste uma vontade firme de retomar sua evolução. E mesmo então, haverá de ser muito testada até se mostrar novamente merecedora de oportunidades.

Por estar desorientado, o espírito passa a cercar aqueles que considera seus inimigos ou causadores do seu estado de sofrimento. Várias são as razões que encontra para passar a assediar os que lhe são pouco simpáticos. Mesmo aqueles com quem tinha afinidade são muito perturbados por esse espírito sofredor, pois este transmite-lhes toda a angústia que está sentindo, através de sonhos ou visitas durante uma projeção astral. Os espíritos mais evoluídos não causam sua própria morte. Saber disso é importante, pois nos previne dos ataques que esse tipo de desencarnado com certeza fará.

Quando dizemos que os espíritos com mais luz não morrem assim, não queremos menosprezar nenhum ser. Constatamos apenas que os espíritos com certas aquisições espirituais já sabem que não podem agir contra o seu corpo material, pois ele representa uma grande oportunidade de crescimento; é um presente de Deus. Alguns suicidas, viciados e irresponsáveis são potencialmente excelentes almas, com grandes qualidades, mas ainda não têm conhecimentos sobre a necessidade de aperfeiçoamento. É a ignorância desse fato, aliada à falta de fortes defesas espirituais, que os faz agirem contra o próprio corpo.

PARTE II

Para Quem Ficou

A razão da dor

Às vezes sinto dificuldade para colocar em palavras o que meu coração sente. Como é difícil dizer, para alguém que sofre, que a dor tem uma explicação! Minha vontade seria, em vez disso, dar um grande abraço e até chorar junto. Vamos fazer de conta que estou, antes de entrar nas explicações, fazendo isso... Mas todo sofrimento tem suas razões e é preciso saber quais são, para melhor compreendê-lo.

Existem três razões básicas para qualquer sofrimento experimentado por uma alma: a purificação, o aprendizado e o crescimento. As três são oportunidades evolutivas que podem ou não ser vivenciadas por quem fica. E uma pessoa tem liberdade para passar ou não por elas. Quem opta por apenas uma, a dor purificadora, e muitos se atêm a ela, sem experimentar as outras, perde algumas oportunidades de melhorar seu espírito. Existe para o sofrimento uma forte explicação de ordem divina, e não cabe a ninguém questionar o que Deus dispôs.

A dor que purifica melhora condições espirituais anteriores. A purgação sofrida pela alma ao perder um ser amado é sempre um momento de muita capacidade para o espírito, pois esse instante permite-lhe elevar a consciência e liberar grande quantidade de energia negativa acumulada.

Depois de viver um grande sofrimento, a alma reajusta sua reação à dor, acomodando-a a limites físicos suportáveis. Quem não faz isso, morre de dor e esse é um erro que alguns espíritos cometem. De nada vale fugir da dor, seja qual for a forma de escape encontrada. O ato de maior valor para o espírito está na elevação das experiências dolorosas para o nível do crescimento e da purificação. Passado o período razoável em que se sente a fraqueza imposta pela dor, a fase de limpeza obrigatória é dada como terminada e o espírito tem que seguir adiante, passando para o processo seguinte, que conduz à aprendizagem.

Aprender com a dor é quase como renascer, partindo de um ponto zero. Os erros são perdoados e há chance de recomeçar, carregando na memória alguma bagagem da vida presente, capacidade que o espírito recém-encarnado não tem. E vemos que é realmente assim que agem os homens que desejam continuar a crescer, apesar do sofrimento de que padecem. Eles tentam aprender mais sobre os temas relevantes para o seu crescimento, estudando como é a vida do espírito, dedicando-se ao autoconhecimento e à melhoria da alma.

Aprender é crescer na dor, superando a fase inicial de limpeza, que pouco valor tem se não é seguida pela etapa seguinte: o aprendizado. É como limpar uma casa sem nunca colocar dentro dela os móveis, deixando vazio e sem utilização todo o espaço. Quem estaciona na dor, sem tentar aprender com ela, fica com a alma mais limpa, porém vazia.

A terceira e última etapa é conseqüência das duas anteriores. Ela resulta da purificação e do aprendizado trazidos pela dor: é o crescimento. No melhor estado da alma que se livrou de alguns de seus defeitos por meio da limpeza provocada pelo sofrimento, está a oportunidade de crescer, que o aprendizado vem facilitar.

Aos espíritos em fase de purificação, isto é, em plena vivência da dor pela perda de um ente querido, só podemos insistir que há mais a fazer. Se a alma estaciona na dor, sem conseguir ir adiante, passando pelo aprendizado e pelo crescimento que dela resultam, ela fica no meio do caminho, não completa o processo de evolução que estava se delineando.

As responsabilidades pessoais

Quando alguém se abate com uma dor, precisa estar consciente de que esse sofrimento tem limites, e de que há fronteiras que não pode ultrapassar. O primeiro desses limites é sua responsabilidade para consigo próprio. Cada um tem que zelar por sua integridade mental e por seu bem-estar físico. Essa é uma condição para que se mereça a vida que nos foi dada por Deus. Em todas as religiões é considerado grave erro descuidar-se da existência material, principalmente tomando atitudes que colocam em risco a vida. Há um limite para o que é possível sofrer sem que a alma e o corpo se abatam. Ao ultrapassar esses limites, o homem infringe aquilo que lhe é permitido.

Somos todos um pequeno pedaço de Deus; temos uma constituição divina, pela qual somos responsáveis. Descuidar-se dela é chegar diante do Pai Celeste e dizer que o negamos. Esse limite é um dos que não se pode ultrapassar sem provocar graves conseqüências.

A segunda limitação é a responsabilidade que temos sobre as situações que criamos com a nossa dor para aqueles que nos amam, que dependem de nós ou que se importam conosco. Esquecê-los é possível num primeiro momento, mas quando há um prolongamento excessivo do sofrimento, a situação passa a alterar a vida de quem temos a obrigação de deixar de fora da nossa dor. Uma mãe que perde um filho continua tendo a responsabilidade de cuidar dos outros filhos. Um esposo que perde a companheira ainda é responsável por si e talvez pelos filhos ainda dependentes. Um filho precisa continuar trabalhando ou prosseguindo com seus estudos quando perde um dos genitores.

O fato de que a vida continua é um desafio para quem sabe que acabou um tempo que foi importante, do qual restam cicatrizes. Mas a realidade é que o tempo passou, não vai voltar de modo algum, e isso precisa ficar bem entendido. Só que não acabou, na verdade. Transformou-se. E é esse conceito, de que a morte é uma transformação, que precisa ser aceito, compreendido e assimilado. Quem consegue ver essa realidade mais cedo, sofre menos.

Não é justo estar sempre deprimido, abatido, cansado, desmotivado, mal vestido, magro, isolado. Isso é injusto para com os que moram na mesma casa e que provavelmente também estão sofrendo, mas é, antes de tudo, injusto para consigo próprio. É negar sua ligação com Deus e suas razões. É passar fluidos negativos para todos aqueles com quem tem contato. É estacionar na dor sem tentar aprender sobre seu papel purificador.

Você vai dizer que é querer demais, mas lembre-se de que você não é o único ser que passa por esse tipo de aflição. Quantas mães estão perdendo agora seus filhos? Quantos perdem aqueles que amam... E todos vão sentir tristeza, angústia, depressão. Só que quem vai ter que lidar com a sua dor é você: ela é pessoal, veio para ser sentida e não há como fugir dela.

E é isso o que propomos: assumir a dor com realismo e transformá-la em um momento de aprendizado, de purificação e de crescimento.

O recomeço: a reação

Temos que transformar a vivência dolorosa, mas antes é preciso dar alguns passos em direção a si mesmo, retomando o compromisso de cuidar de si. Coisas básicas podem estar faltando, e tempo para pensar na dor certamente não é uma delas. Por isso, nossa sugestão é que se reaja à dor com ocupações rotineiras, que envolvam bastante gasto de energia e, nos primeiros momentos, não deixar muito tempo livre para pensar. Mais tarde, quando se estiver fisicamente mais disposto, haverá necessidade de pensar e aprender, que são as tarefas seguintes e que exigem muita análise mental. Mas de início, o melhor mesmo é manter-se ativo, sem pensar muito.

Quando se reage à dor, as pessoas ao nosso redor imediatamente percebem o nosso esforço e passam a colaborar, dando apoio, mostrando aprovação e fazendo mais companhia. Isso acontece porque é muito difícil estar ao lado de quem sofre. O sofrimento cria fluidos pesados e mesmo quem é amigo não suporta por muito tempo a presença de um sofredor, devido à má energia que ele transmite sem saber. É por causa disso, desse peso emitido pelos fluidos da dor, que se diz que o sofrimento é solitário. O sofredor acaba sempre sozinho, isolado pela sua forma de ser, por afastar aqueles que gostaria de ter por perto.

Reagir à dor é um exercício diário. É difícil, exige renovação, amor por si e por Deus. Quando estudava francês, minha professora particular, Jaqueline, perdeu seu filho, um rapaz recém-formado. Nos primeiros tempos, depois da cerimônia fúnebre e da missa, nem falei com ela, em respeito à sua necessidade de isolar-se e ajustar-se à nova situação. Apenas mandei-lhe um buquê de flores que colhi do meu jardim, com um cartão onde afirmava o meu carinho e a falta que ela me fazia. Depois de um tempo razoável, liguei pedindo para retomar minhas aulas. Jaqueline ainda não queria recomeçar suas aulas, mas eu insisti algumas vezes, até que ela marcou uma data. Nessa época eu tinha uma loja e precisava abri-la às nove da manhã, por isso nossas aulas tinham que começar às oito. Quantas vezes ela não chegava para a aula com os olhos vermelhos e um lenço na mão! Mas ainda assim, eu insistia afirmando que precisava muito das aulas. Ela me dizia que eu era a única razão para ela sair da cama cedo, pois sua vontade era ficar ali o dia inteiro. Aos poucos retomou suas atividades, pois compreendeu que, se não fosse o trabalho, ela poderia estar sem salvação. Jaqueline reagiu lindamente, lutou e refez sua vida em outras bases. Devo a ela um francês que muito me ajuda pela vida afora, em viagens e em situações as mais variadas. Essa lembrança mostra que para reagir é preciso que a pessoa se ocupe com as obrigações diárias, rotineiras, maçantes até. Muitas vezes, sem algo que a obrigue a ir em frente a pessoa não consegue sair da dor. E esse algo pode ser uma aluna insistente...

Algumas vezes a reação demora a acontecer e quando a pessoa percebe, foram-se anos numa paradeira total. Como saber que é hora de reagir? Uma boa indicação é a atitude das pessoas com relação a nós. Veja o que acontece quando um amigo fica ao lado de outro que está passando por grande dor. Apóia, dá força, tenta ajudar com bastante boa vontade, mas os meses passam e ele vê que a pessoa não esboça nenhuma reação, fica inerte no seu sofrimento. A situação começa a pesar; afinal ele está perdendo muito tempo e precisa cuidar da própria vida. O que ele faz? Começa a espaçar suas visitas e, por fim, desaparece. Quando alguém que era arrimo na dor deixa de vir é um sinal de que o tempo de sofrer está acabando.

É verdade, é muito importante saber quando é hora de começar a cercar o sofrimento numa área delimitada. Ele pode ser destruidor e não queremos, afinal de contas, deixar que ele acabe conosco. E você talvez queira que eu lhe dê um bom motivo para isso. Vejamos um deles: a dor é letal, ela pode matar alguém em pouco tempo. Sabendo disso, quem se deixa ficar totalmente derrotado por um sofrimento e, depois de algum tempo, não tem sequer um esboço de reação, está correndo um risco deliberado de vida. Isso quase equivale ao suicídio! E sabemos que é um crime perante Deus deixar de modo consciente que nosso corpo seja atacado por algo que irá destruí-lo. É bom pensar seriamente nesse argumento.

Porém, existem sempre outras razões para reagir, algumas pessoais, como a necessidade de evoluir e aproveitar a encarnação para realizar aquilo que se havia determinado anteriormente; outras, relacionadas com os que nos amam ou dependem de nós.

Mostraremos nos itens seguintes quais são os recursos para sair da dor, respeitando-a. Como sempre fazemos nos nossos trabalhos, damos ao indivíduo a liberdade de agir ou não, mas deixamos claro que essa responsabilidade é dele. Por isso, sugerimos sempre aquilo que pode ser feito pela própria pessoa. É evidente que todas as sugestões, para serem melhor seguidas, podem receber o estímulo de quem se interessa pela pessoa que está em processo de purificação pela dor, mas ainda é do próprio envolvido a responsabilidade e as atitudes que o levarão a aprender e crescer. Essa consciência é fundamental, ela acelera o caminho em direção às ações necessárias.

Mexer com o corpo

A única forma de sair de uma fase de dor intensa é trabalhar primeiro o corpo. Já de início, a reação precisa ser acompanhada de alguma atividade física. Existem muitas opções. Cada um deveria seguir suas tendências naturais, mas na hora do sofrimento, até resolver isso fica difícil. Vou deixar algumas sugestões, para que se opte por uma delas, caso a pessoa não esteja motivada para seguir nem mesmo suas preferências pessoais:

- caminhada
- natação
- bicicleta
- dança de salão
- hidroginástica
- musculação
- aeróbica

Notem que entre as opções acima não estão atividades físicas mais amenas, tais como tai-chi-chuan ou ioga. Quem conhece outros livros meus sabe o quanto sou adepta da ioga, que pratico diariamente. Na primeira fase, porém, quando se começa a sair da crise de dor, qualquer coisa que exija pouco esforço resulta numa recuperação muito lenta. Uma atividade pouco movimentada pode fazer com que a pessoa não sinta nenhuma diferença e deixe de praticá-la. O que se precisa num primeiro momento é de uma sacudidela, e isso só é possível por meio de exercícios bem agitados, capazes de ativar a produção de endorfinas.

A rotina diária de exercícios deve ser mantida como um remédio que se toma na hora certa. Marcar uma hora para se exercitar e fazer isso, mesmo que nada no corpo queira se mexer, é fundamental. Em uma semana as diferenças se fazem notar. É claro que o retorno ao sofrimento será uma constante por muito tempo ainda, e talvez ele nunca seja eliminado de todo, mas a atitude de agir, como quem está se medicando, precisa ser assumida como uma responsabilidade da própria pessoa.

Os exercícios devem ser feitos por pelo menos meia hora por dia, mas o ideal mesmo é que eles se prolonguem por uma hora. Pode-se chegar a esse tempo depois de algumas semanas, pois quem está destreinado sente dores e alguma dificuldade no início.

Junto com as atividades físicas, os exercícios respiratórios são um complemento importante. Eles destinam-se a restabelecer a energia áurica, que é a defesa do corpo físico. Após um período de intenso sofrimento, a aura torna-se frágil e as energias negativas atingem com facilidade a alma e o corpo material. Os exercícios de respiração irão repor os elementos mais sutis que foram perdidos.

Em quase todos os livros que escrevi, falo da importância da respiração e sugiro alguns exercícios que fazem parte do conjunto de práticas respiratórias da ioga, chamado *Pranayama*. Vou ter que insistir, pois sei o bem gerado pelas atividades da respiração dirigida. Para facilitar os exercícios, descrevo a seguir alguns deles. Procurando variar, para não repetir os que já inseri em outros livros, criei uma série que pode ser praticada diariamente, com um gasto mínimo de tempo.

Por que insisto tanto nos exercícios respiratórios? Porque eles realmente mudam as condições físicas e áuricas. Eu sei que quem está muito desanimado não chega a ter o primeiro impulso para uma atividade física organizada. Mas sei que deixar de respirar é impossível. E como para se manter vivo é necessário respirar, é possível conseguir que a pessoa pratique exercícios respiratórios com certa facilidade.

A respiração corretamente executada oxigena o cérebro e o resto do corpo, além de satisfazer necessidades básicas.

Essa oxigenação acentuada muda os padrões de vibração da aura, melhora o raciocínio, dá mais disposição física, reajusta o organismo, equilibra o metabolismo. Quanta coisa! Mas além disso, a respiração é vida pura! Ela nos mantém cheios de energia, ligados positivamente às forças da Terra.

Quando se respira, o corpo é abastecido de oxigênio. Como o oxigênio é queimado imediatamente, a respiração é uma atividade repetitiva. Quando se respira de acordo com certas técnicas do *Pranayama*, a absorção de fluidos de origem divina se acentua e esses fluidos, ao contrário dos gases como o oxigênio, são armazenados no corpo áurico. É essa força extra que faz com que os exercícios respiratórios, quando realizados com constância, mudem a energia da aura, trazendo as alterações já descritas. Aura forte corresponde a corpo material também forte.

Prefira praticar os exercícios quando estiver com o estômago vazio, isto é, três horas após as refeições. Uma boa hora é de manhã cedo, antes do desjejum.

Mesmo quem não encontra disposição para sair de casa e exercitar-se, não terá desculpas para deixar de praticar os exercícios respiratórios. Basta sentar-se numa cadeira firme, com a coluna reta, mãos apoiadas sobre as coxas e pés bem plantados no chão, com as pernas descruzadas. A posição tradicional da ioga, sentado no chão de pernas cruzadas, também pode ser adotada. Olhos fechados, lugar silencioso e calmo.

Comece apenas sentindo o ar entrar e sair dos pulmões, pelas narinas; a boca deve permanecer fechada. Quando estiver com a respiração harmônica, comece a praticar os exercícios abaixo descritos.

1. RESPIRAÇÃO REGULARIZADORA: com a boca fechada, inspire o ar pelas narinas, até encher os pulmões. Retenha o ar nos pulmões enquanto conta até dez. Tampe a narina direita e solte o ar pela narina esquerda. Quando os pulmões estiverem vazios, recomece, agora com as duas narinas livres. Retenha o ar novamente por dez segundos e expire pela narina direita, mantendo a narina esquerda tampada. Esse exercício deve ser repetido por dez ou quinze vezes, tampando-se a narina direita e esquerda alternadamente, e mantendo a boca fechada.
BENEFÍCIOS DESTE EXERCÍCIO: aumenta a capacidade pulmonar e acalma os nervos.

2. RESPIRAÇÃO ATIVADORA: este exercício é o oposto do anterior. A inspiração será feita por uma das narinas, enquanto a outra permanece tampada, e a expiração é executada normalmente pelas duas narinas. Tampe a narina direita e inspire pela esquerda, enchendo os pulmões. Retenha o ar por dois segundos e solte-o em seguida, com as narinas destampadas. Recomece, inspirando agora pela narina direita, mantendo a esquerda tampada. Solte pelas duas. Repita esse exercício por dez vezes, sempre alternando a narina que inspira.
BENEFÍCIOS DESTE EXERCÍCIO: afasta a preguiça e prepara para iniciar o dia ativamente.

3. RESPIRAÇÃO DE LIMPEZA: inspire, enchendo os pulmões, com a boca fechada. Retenha o ar por alguns segundos e depois solte-o pela boca, soprando como se fosse encher uma bexiga. Esvazie completamente os pul-

mões antes de recomeçar. Continue a soprar mesmo quando achar que os pulmões já estão vazios, pois sempre sai um restinho de ar. Só repita o exercício mais duas vezes.

BENEFÍCIOS DESTE EXERCÍCIO: limpa os pulmões e diminui o estresse e a ansiedade.

4. RESPIRAÇÃO EM ETAPAS: neste exercício, a inspiração é feita em etapas. Inicia-se com os pulmões completamente vazios. Inspira-se pelas narinas em dois tempos, pára-se dois tempos, volta-se a inspirar em dois tempos, pára-se mais dois tempos, até completar a capacidade pulmonar. Depois solta-se o ar lentamente pelas narinas, num fluxo contínuo. Pode-se repetir por mais três ou cinco vezes.

   BENEFÍCIOS DESTE EXERCÍCIO: afasta idéias fixas e fortalece o sistema nervoso.

Se gostou das práticas respiratórias descritas e decidiu-se a começá-las, sugerimos que não desista delas antes de uma semana. Depois desse tempo, os benefícios realmente serão notados e você não pensará em abandoná-las nunca mais. Uma outra vantagem dos exercícios respiratórios é que eles não tomam muito tempo, por isso podem ser praticados a qualquer hora e em praticamente qualquer lugar.

Um bom esquema para mexer seu corpo é fazer os exercícios respiratórios, tomar seu café da manhã e sair para caminhar (ou fazer uma outra atividade física). Não há corpo que não agradeça esses cuidados. Como recompensa ele lhe devolverá seu bem-estar e amor à vida.

Reposição de fluidos

Depois da perda de uma pessoa querida, as energias, tanto físicas quanto espirituais, se esvaem, e recompô-las é um primeiro cuidado. Os exercícios respiratórios, por absorverem e armazenarem os fluidos divinos, já são um bom início para repor os fluidos perdidos durante a crise de sofrimento. Mas ainda é possível fazer mais.

Os remédios florais, as vitaminas naturais, a alimentação balanceada, a aromaterapia, as massagens, a musicoterapia e outras novas maneiras de curar que o homem tem redescoberto, formam o grupo de técnicas curadoras chamado de terapias alternativas. Essas técnicas são importantíssimas na recuperação nos casos de crises dolorosas. Cada pessoa, depois de um período de crise, deveria buscar nelas reforço para repor os fluidos que perdeu. A adaptação e a reação positiva a cada uma delas é algo muito pessoal. Cada leitor sente afinidade com uma ou outra dessas terapias, mas todos deveriam utilizá-las plenamente.

No nosso livro intitulado *A Cura pelos Fluidos**, analisamos a atuação das variadas terapias e o seu resultado em cada um dos corpos do homem. Essa obra serve como um roteiro, pois permite que o leitor conheça e avalie as várias opções antes da escolha final.

A reposição dos fluidos é essencial em várias épocas da vida, e é justamente quando mais precisamos dela que não temos forças para buscá-la. Por isso, essa lembrança torna-se oportuna. Quase todas as terapias citadas são mais efi-

---

* Publicado pela Editora Pensamento, São Paulo, 1995.

cientes quando orientadas por quem trabalha na área. Os profissionais da área alternativa estão habilitados a realizar uma avaliação correta e dar uma indicação segura. Quem tem curiosidade e prefere buscar soluções por si, sentirá vontade de ler livros e fazer cursos. É muito positivo buscar saídas, aprender novas maneiras de se ajudar, mas na hora da crise, ainda é mais importante gritar por socorro e encontrar depressa uma ajuda. E isso, só um profissional devidamente preparado tem condições de fazer.

Os quatro apoios

Existem quatro fontes de energia boa, limpa e inesgotável que podem ser usadas na hora da dor. Exatamente pelo fato de ser fácil obtê-las, não custarem nada e não darem trabalho, ninguém as considera como um amparo forte. No entanto, elas representam a salvação na hora em que a dor já terminou com seu processo de limpeza. São elas: a beleza, a alegria, a doação e a união com Deus. Vamos ver de que forma podemos nos fortificar com elas e como usá-las.

1. A Beleza

A beleza era considerada pelos gregos como algo de origem divina e é isso realmente o que ela é. Você poderá pensar que me refiro à beleza das pessoas, mas o conceito de beleza que desejo comentar é muito mais amplo, embora a beleza das pessoas quando admirada sem malícia também faça bem à alma, não devendo ser desprezada.

Estar perto do belo faz com que nos sintamos perto de Deus, mais ligados a ele por algo que nasceu diretamente da sua graça e que pode ser considerado como um presente dele para nós. A força da beleza é exercida com suavidade, não é imposta, por isso é que nós nos abrimos a ela espontaneamente.

Quando o belo cruza o nosso caminho, recebemos uma luz. Ficamos totalmente maravilhados, e nossa primeira reação é parar e interromper a rotina de obrigações. E nessa pausa, absorvemos energia de boa qualidade, retomando a força perdida e escapando da crueldade da escuridão que teima em nos cercar.

O fato de que, diante da beleza, ficamos inertes para o que não é luz, tira de nós a capacidade de reagir ao mal. Ela impede por natureza que nos liguemos àquilo que é o oposto dela. E nessa hora, qualquer ser se torna incapaz de mostrar o lado escuro de sua natureza. Irá, pelo contrário, manifestar apenas aquilo que existe de mais bonito dentro de si.

Devido à capacidade que o belo tem de poder sustar a escuridão, ele pode ser de grande valia para interromper as crises de dor. Essa qualidade de manter a pessoa em suspenso permite que haja, ainda que por alguns instantes, uma parada nas manifestações de sofrimento. Essa parada estimula a alma a reagir.

Está bem, mas como podemos colocar a beleza na nossa vida, digamos, quase terapeuticamente? É possível fazer isso?

Quando se quer ter a beleza por perto, sem esperar que ela se manifeste espontaneamente, temos que usar recursos dos mais variados para obtê-la. Existem formas dispendiosas e formas baratas de ter acesso à beleza. As duas produzem resultados semelhantes.

Podemos conseguir uma reserva de beleza, quase de graça, colecionando reproduções de quadros de pintores famosos, encontradas em revistas. Se fizer isso por alguns meses, você verá que as revistas sempre trazem em suas páginas belas fotografias de quadros famosos. Coloque num álbum essas fotos. Quando estiver triste, pegue sua coleção e folheie, olhando cada foto com calma. Aos poucos a escuridão cede espaço para a luz e sua alma se sente confortada. Isso é automático, pois os artistas agem guiados por Deus e suas obras são produto da vontade divina de nos presentear com o belo. Os artistas são instrumentos de Deus. Caso você possa, compre livros com reproduções dos quadros dos artistas que mais aprecia. Será muito agradável ficar algum tempo olhando os quadros do artista que você mais aprecia.

Assim como os pintores, os escultores e todos os outros artistas plásticos passam luz. Visitar as exposições de arte que acontecem na sua cidade é uma forma de estar perto do belo, e tem a vantagem adicional de obrigar a pessoa a sair de casa, arrumar-se e fazer desse evento um momento diferente da sua rotina.

Os espetáculos de teatro, as apresentações de balé, os concertos de música, principalmente a instrumental, são outras maneiras de absorver a energia da beleza criada pelos artistas.

Outra sugestão, de que pessoalmente gosto muito, é sair para olhar vitrinas. É mais uma das maneiras baratas de receber a energia do belo. Prefira visitar as lojas de decoração, os antiquários, as joalherias. Olhe com vagar, respirando lentamente, andando sem pressa por entre os objetos, absorvendo os bons fluidos com calma. Para receber os benefícios da beleza, a pessoa precisa, além de estar próxima do que é bonito, estar receptiva, ou seja, com a alma aberta às energias que a rodeiam.

Não podemos esquecer, além das fontes de energia citadas, a beleza da natureza. Admirar uma bela e imponente árvore, um pôr-do-sol, as águas correntes de um rio, as flores; todas as obras de Deus são perfeitas e cheias de força, prontas a nos reabastecer. Quem desejar receber essa energia, mas não puder estar perto delas, pode usar o recurso já sugerido das fotografias. Fotos de belas paisagens são quase tão boas como o contato real com elas.

Gosto de fazer arranjos de flores como uma forma de passar bons fluidos para as pessoas de minha casa; por isso, aprendi a fazer *ikebana*, que são arranjos florais em estilo japonês. Para isso, comprei alguns livros muito bonitos. Um dia, muito cansada, um pouco triste, senti saudade das flores. Eu não poderia sair para comprar flores, nem tinha tempo de fazer um arranjo. Peguei um dos meus livros de *ikebana* e fiquei por quase meia hora olhando as fotos. Fiz isso sem nenhuma intenção especial, mas terminei muito revigorada. As fotos de coisas bonitas são recursos quase tão eficazes quanto a imagem real.

Por último, não podemos esquecer, com relação à beleza, da aparência pessoal. Cuidar da imagem que refletimos no espelho, buscando um bom reflexo, é de grande valor. Cabelos, barba, maquiagem, sorriso, tudo, enfim, que nos torne visualmente mais bonitos é outra das facetas curativas que a beleza tem. As mulheres sabem disso por intuição; muitas delas, numa hora de tristeza, vão cortar ou pintar o cabelo, quando não compram uma roupa nova.

2. A Alegria

Quando você dá uma boa risada, daquelas bem fortes, qual parte do corpo você sente contrair? Não é na barriga, principalmente perto da boca do estômago, que parece concentrar-se o movimento?

Pois esse ponto é um dos chakras do corpo humano. Os chakras são centros de energia por onde circula a força que o homem recebe da Terra. Esse chakra, assim como os outros chakras do nosso corpo, absorve e emite energia. Quando damos uma boa risada, a energia negativa é posta para fora através desse chakra, e a energia boa entra em seguida. Esse é o motivo básico por que nos sentimos tão bem depois de rir.

A limpeza proporcionada pela alegria é um dos recursos que temos para recompor tanto a aura quanto o corpo físico desgastado pela dor. Você vai dizer que é demais eu querer falar em risada quando a única coisa que tem conseguido fazer é chorar. Mas eu preciso lembrar que há hora para rir até mesmo para quem chora. É uma questão de tempo e hora certa, mas ninguém pode dizer, nem mesmo quando sofre, que nunca mais vai rir.

O riso como remédio precisa ser buscado, pois a vontade do sofredor é só chorar. Podemos dar algumas indicações de como fazer isso. A primeira delas é ter um livro ou uma revista de humor de boa qualidade sempre por perto. Já vimos que na hora certa temos dificuldade para buscar o que mais poderia nos ajudar no reforço energético, por isso, esse livro em especial tem que estar sempre à mão, para podermos lembrar facilmente dele na hora da necessidade.

Na minha mesa de cabeceira tenho sempre um livro de orações, um livro de humor e o livro que estou lendo no momento. Conforme a necessidade, pego um deles. O de orações é para reforçar minha ligação com Deus, o de humor serve para pôr para fora energia de baixa qualidade e o outro leio para receber instrução e informação.

Voltando ao livro-socorro de humor, o ideal é que ele tenha histórias curtas, que não tomem muito tempo para ler. Um livro com longas seqüências na trama pode demorar a fazer efeito. Gosto especialmente de dois, que possuem essas características: *Millôr definitivo, a bíblia do caos* (de Millôr Fernandes) e *Comédias da vida privada, 101 crônicas escolhidas* (de Luís Fernando Veríssimo), ambos da L&PM Editores.

Os humoristas são, à semelhança dos artistas, pessoas com a missão espiritual de limpar a tristeza, dando luz àqueles que entram em contato com sua alegria. Seu trabalho é de importância vital para a humanidade como um todo, pois protege os espíritos da negatividade, criando a barreira da alegria.

Não é só através dos livros que podemos absorver os fluidos revigorantes da alegria. Outras boas formas são os filmes engraçados, as comédias de teatro, os espetáculos de circo. O humor leve e inteligente também é capaz de fazer pensar.

Do mesmo modo que comentamos no trecho sobre os fluidos revigorantes da beleza, nossa postura diante da alegria tem que ser intencional para que possamos receber dela todos os benefícios. Procure voltar-se para a alegria com vontade de receber dela ajuda, com abertura e entrega. A respiração profunda antes de ler um texto, a concentração por inteiro no que está fazendo e a posterior entrega aos sentimentos que fluem, sem bloqueio do riso, são essenciais.

Para que a energia da alegria circule mais livremente, pode ser preciso algum treinamento. Quem não está habituado a ver a alegria como um fluido que se busca na hora certa, vai dizer que é difícil rir "por encomenda". O segredo para se conseguir fazer isso na hora em que se deseja é aprender a se concentrar apenas naquilo que se está fazendo, que no nosso caso é ler ou ouvir alguma coisa engraçada.

Quando limpamos a mente de outras ocupações e nos concentramos, o efeito da alegria torna-se mais rápido. Por isso, um pouco de respiração e firmeza de objetivos podem ser treinados para melhor absorver a energia que estamos buscando reter.

3. A Doação

Essa terceira fonte de energia é a que é tipicamente procurada pelas almas já bastante trabalhadas. Só quando consegue ultrapassar os limites restritos do ego é que o homem passa a se preocupar com aquilo que o cerca. Quem ainda não chegou espontaneamente a esse estágio evolutivo não precisa deixar, porém, de aproveitar as boas energias da doação.

É verdade que todos podem estar conscientes da existência das crianças abandonadas, dos doentes sem assistência médica adequada, da ignorância e despreparo das mães carentes, dos pobres homens que saem do campo para passar fome nas cidades grandes e outras mazelas sociais que o mundo possui. Contudo, apenas uma minoria dedica-se a ajudar, tentando mudar aquilo que presencia.

Pessoas muito apegadas a uma rotina alegam falta de tempo; as que só sabem dar quando recebem de volta argumentam que não têm nada a oferecer. Todo aquele que não procura ajudar seu semelhante encontra desculpas que expressam a falta de uma motivação interior de valor. A maior motivação para doar está no coração; nada mais é necessário. Aquele que não tem dinheiro pode dar um pouco do seu tempo; o despreparado pode ajudar com um trabalho fácil de executar; o habilitado pode se encarregar de substituir algumas pessoas em lugares importantes. Dar não é só fazer uma entrega de valores materiais. Outros bens, maiores, são doações preciosas.

A doação preenche a nossa vida, tornando-a rica de novo. Se o tempo gasto em sofrer fosse aproveitado para fazer um pouquinho pelo outro que sofre mais ainda, haveria uma significativa mudança nas situações de penúria que testemunhamos em todas as ruas. Estamos numa tal falta de estrutura assistencial, que basta sair de casa para que sejamos confrontados com a miséria e a carência.

Uma de minhas alunas, uma bela jovem, pode servir de exemplo para provar como a doação é capaz de mudar a vida de uma pessoa. Depois de fazer um de meus cursos fora de Curitiba, ela fez uma consulta comigo. Por isso fiquei conhecendo um pouco de sua história. Sua vida afetiva estava vazia e ela morava sozinha, pois não queria mais morar com os pais. Tinha um trabalho que a sustentava, de forma modesta, mas que não era envolvente. Em resumo, uma vida sem graça, sem emoção. Na consulta, vimos que ela tinha missões espirituais não assumidas, e nossa conversa ficou muito dentro desse tema.

Fiquei um ano sem encontrar essa moça e, depois disso, ela apareceu em outro de meus cursos. No intervalo das aulas pudemos conversar de novo e ela me contou que os meus comentários, feitos durante a consulta acerca da sua tarefa missionária, haviam despertado nela uma inquietação tão grande que a forçara a ir buscar o que fazer pelos outros. Tudo o que falamos durante a consulta, sobre o que é uma missão, sobre como é importante para um espírito evoluído poder doar, fez muita pressão sobre ela, impelindo-a a buscar a missão para a qual havia sido destinada. Ao fazer isso, envolveu-se de tal forma que essa atitude acabou provocando uma reviravolta na sua vida. Ela agora estava em outra situação, como me contou.

Era fácil para ela entrar na Campanha da Cidadania contra a Fome, por isso começou a trabalhar para arrecadar alimentos. Sua total disponibilidade de tempo e boas condições financeiras fizeram com que em breve se tornasse uma representante do movimento de seu Estado nos eventos nacionais. Em breve começou a viajar pelo país todo, participando das decisões mais importantes. Ela se destacou até mesmo na capital do país, chegando a despertar, por ser negra, o interesse do movimento dos negros interessados em tê-la também como uma de suas representantes no Estado. Suas atividades, de início muito modestas, cresceram e a envolveram. Essa moça tem no momento uma enorme responsabilidade administrativa, tudo está nas suas mãos, pois o que se faz para os outros tem que ser bem organizado também. Minha cliente, portanto, ao cumprir um desejo escondido em sua alma, terminou encontrando seu verdadeiro destino. Até sua vida amorosa foi beneficiada, pois, com a abertura que o seu trabalho lhe proporcionou, ela encontrou um amor espiritualmente semelhante, envolvido com as mesmas idéias e projetos.

É por meio da doação que podemos encontrar no nosso semelhante uma nova mãe, um novo filho, novos amigos. O gesto de dar resulta sempre em receber quando o que damos é feito incondicionalmente, nascendo no coração, de forma espontânea. Essa fonte de energia, que vem do coração, nos une a Deus. Dele é o impulso para que prossigamos sempre, abençoados na nossa tarefa de facilitar a vida dos mais necessitados.

4. A União com Deus

Dos recursos citados como fonte de bons fluidos, o mais forte é a ligação com Deus. Essa ligação, quando descuidada, pode ser a causa de muita fraqueza física e espiritual. Só nossa íntima associação com o Pai Celeste é que poderá nos permitir superar tudo a qualquer momento. Um homem distante de Deus é muito fraco.

Deus não nos pede muito, não nos cobra o que não podemos fazer, nem nos abandona nas horas difíceis. Nós podemos deixá-lo de lado, mas ele sempre está conosco. Na hora da dor e da necessidade podemos ter a certeza de sua presença, sempre atuante nas situações aflitivas. Descuidar da ligação com Deus enfraquece a alma, e uma alma abatida é facilmente atacada pelos espíritos negativos.

Estar unido a Deus não significa necessariamente praticar uma religião, embora para a maioria das pessoas seja mais fácil encontrá-lo assim. O fator determinante para encontrar Deus é a sinceridade da alma que deseja estabelecer uma conexão firme com o bem, buscando-o ao longo da sua vida inteira.

Orar, ler textos sagrados, ouvir conselhos de um sacerdote, participar de uma ação comunitária religiosa, envolver-se com os rituais da fé professada, seguir as leis morais determinadas pela sua fé, recolher-se ao isolamento para meditar, são muitos os caminhos para estar com Deus. Todos eles dão resultado. O que é bom para um pode não ser para outro, por isso, faz parte da busca pessoal pela aproximação, uma atitude respeitosa pela forma que o outro tem de se ligar a Deus.

Quanto a esse assunto, não há muito o que dizer. O encontro com Deus é essencial para a compreensão da dor, mas ele acontece na hora certa, ao longo do processo de perda pelo qual a pessoa está passando. Esse encontro não pode ser esquecido, pois permite que a dor permaneça num nível mais tolerável.

O que fazer uma vez por dia

Na fase inicial de tristeza e abatimento, nada que seja muito drástico ou rigoroso funciona. Adaptar-se à dor é um processo até que bem rápido, afastá-la não é igualmente fácil. Lutar contra ela de maneira efetiva exige muita força de vontade para refazer suas condições, ainda que em outras bases. Há maneiras de escapar dos fluidos paralisantes da dor. Já falamos sobre os quatro principais, agora é hora de sugerir como aplicá-los.

Se você tiver um pouquinho de vontade, propomos que comece a mudar suas condições por meio de uma atividade diária. Essa atividade é rezar. Não que isso não esteja sendo feito, mas referimo-nos às orações feitas com regularidade e determinação, com o objetivo firme de absorver energia de Deus para prosseguir com vida.

Orar diariamente afasta a negatividade e, com o tempo, abranda a dor também. Há algumas orações específicas para o período difícil que se passa: as preces para ter Deus por perto, as que levam a um renascimento espiritual através da vivência da dor, as que estimulam a perseverança e a coragem, as que ajudam quando o sono não vem, as que acalmam a mente perturbada.

Transcrevemos aqui algumas preces que talvez agradem ao leitor, por ser uma variação das que estão em seus livros de preces favoritos. Optando por essas ou pelas suas próprias, o importante é passar o período de sofrimento amparado por orações diárias.

ORAÇÃO PARA SENTIR A PRESENÇA DE DEUS

Senhor, nesta hora de dor sinto-me isolado,
parece-me que nem sentir sua força me é possível.
Como o Sol que emerge da noite para iluminar o dia,
peço-lhe que transforme em esperança

a minha melancolia.
Como a chuva de verão que refresca o campo,
suaviza o calor da revolta pelo que o destino me impôs,
que por vezes me exalta.
Como o som suave das ondas do mar, indo e vindo,
invade a noite na praia,
embala o meu repouso.
Como a música do vento nas folhas das árvores,
canta para mim uma canção
que me permita relaxar.
Em toda natureza está Deus,
em todos os homens ele habita,
por que apenas eu
não iria receber dele ajuda?
Já ouço o tremor do trovão;
são seus passos vindo a mim.
Acredito em Deus e ele não me falha nunca!

ORAÇÃO PARA RENASCER NA FÉ

Vi um rastro na areia.
O vento passou e as marcas sumiram.
Ouvi um pássaro cantar,
a noite chegou e nenhum pássaro mais
veio ao meu jardim.
Mas tu, Senhor,
não há o que te faça desaparecer.
Senti revolta pelo meu destino,
gritei e não me deixaste sem ajuda.
Em sonhos me enviaste um mensageiro,
me instruíste de tal forma

que minha fé na tua sabedoria se renovou.
Sei que o tempo do fim
é sempre também o tempo de novos começos,
assim como cada pôr-do-sol
vem seguido de um novo alvorecer.
A morte é o prelúdio do renascer.
Só é imortal o espírito do bem,
aquele que é teu filho amado.
Acredito em minha alma imortal,
acredito em ti.
Entrego minha dor à tua medicina.
Já renasce em mim a fé.

PARA PERSEVERAR NO CAMINHO SOLITÁRIO

Ó meu Deus! Como pudeste deixar-me tão só?
A companhia mais cara ao meu coração me foi tirada,
deixando que eu seque como uma flor ao sol do meio-dia.
Ainda assim, insisto em seguir,
pedindo-te que me ampares.
Embora nada pudesse me fazer acreditar que alguém
tão solitário como eu
possa vencer esta estrada de dor,
sigo adiante, dia a dia,
na esperança de que existe à minha frente algo novo para viver,
alguma coisa que é minha obrigação experimentar,
antes de me recolher à tua companhia no céu.
Reforça em mim essa certeza,
ajuda-me um pouco mais.

PARA TER CORAGEM

Há na vida de cada ser uma grande batalha,
um grande caminho e uma grande vitória.
Sempre desejei cumprir meu destino com dignidade.
Mas hoje estou vacilante.
Não é falta de fé, nem carência da tua ajuda, Senhor,
mas estou com medo daquilo que desconheço.
Pareço uma criança que acorda no escuro,
esquecida de onde está.
Dá-me a coragem de outros tempos,
a valentia de quando eu era jovem
e, como um castelo fortificado, nada me atingia.
Com tua força terei de novo uma armadura.
A coragem que me trazes está na fé que estimula,
na esperança que santifica e no amor que sustenta.
Delas sou merecedor.
Estou à espera, confiante, meu Deus.

PARA VOLTAR A ADMIRAR A OBRA DE DEUS

Obrigado, Senhor, por tua obra maravilhosa,
na qual estão o fogo, a terra, o ar, a água,
elementos que sustentam a vida.
Obrigado pelas árvores e pelas outras plantas.
Obrigado pelas rochas e pelos cristais.
Obrigado pelas aves e por todos os animais da criação.
Obrigado pelo vento e pela tempestade.
Obrigado pela luz e pelo pôr-do-sol.
Obrigado pelos mares e pelos rios.
Obrigado pelas folhas que curam.
Obrigado pelo ouro e pela prata.

Obrigado pela beleza do arco-íris.
Obrigado por estar vivo, com tudo isso ao meu dispor.

PARA QUANDO NÃO CONSEGUIR DORMIR

(Salmo 4)

Quando eu te invoco,
responde-me, ó Deus, meu defensor!
Na angústia, tu me aliviaste:
tem piedade de mim, ouve a minha prece.
Homens, até quando vocês ultrajarão a honra do Senhor,
amando o nada e buscando a ilusão?
Saibam que o Senhor faz maravilhas por quem lhe é fiel.
O Senhor ouve quando eu o invoco.
Tremam e não pequem.
Reflitam no silêncio do seu leito.
Ofereçam ofertas justas e tenham confiança no Senhor.
Alguns dizem: "Quem nos trará a felicidade?"
Senhor, levanta sobre nós a luz da tua face!
Puseste em meu coração mais alegria
do que quando transbordam
o trigo e o vinho deles.
Em paz me deito e logo adormeço,
porque só tu, ó Senhor, me fazes viver tranqüilo.

PARA ACALMAR A MENTE INQUIETA

(Salmo 15)

Guarda-me, Senhor, pois eu me abrigo em ti.
Digo ao Senhor: "Tu és o meu tesouro!"

Os deuses e senhores da terra não me satisfazem.
Eles multiplicam as estátuas de deuses estranhos.
Nunca entrarei nos seus rituais de sangue,
nem porei seus nomes em meus lábios.
Senhor, minha parte na herança é a minha taça,
o meu destino está nas tuas mãos.
O cordel mediu para mim um lugar delicioso.
Sim, minha herança é a mais bela.
Bendigo ao Senhor que me aconselha,
e, mesmo à noite, me instrui internamente.
Tenho o Senhor à minha frente sem cessar.
Com ele à minha direita, jamais vacilarei;
por isso, meu coração se alegra,
minhas entranhas exultam
e minha carne repousa em segurança.
Porque não me abandonarás,
nem deixarás o teu fiel padecer.
Tu me ensinarás o caminho da vida,
cheio de alegria na tua presença
e de delícias à tua direita, para sempre.

O que fazer uma vez por semana

Nossas orientações para a recuperação após a purificação da dor estão baseadas nas quatro fontes de boa energia já citadas: a beleza, a doação, a fé, a alegria. Nesta sugestão semanal, vamos indicar um remédio que só terá efeito se for tomado com capricho. Já falamos sobre a alegria e vimos que é difícil ir atrás dela na hora em que a dor abate a alma. Por isso é que falaremos aqui da alegria como um medicamento.

A razão pela qual buscamos a alegria é a necessidade de expressar vida e comunhão com Deus por meio de um presente que nos damos. Quem vive apenas em busca de sensações leves perde a oportunidade de experimentar os aspectos mais valorosos da vida, que melhoram a condição da alma. Mas quem nega a si mesmo a alegria comete um equívoco semelhante.

Pense neste instante naquilo que costumava significar para você diversão. Cada pessoa tem um jeito próprio de buscar satisfação. Certamente você também tinha o seu, antes de passar pela crise gerada pela perda de alguém que amava.

Veja se consegue sentir algum interesse por aquilo que antes lhe era tão agradável. Imagine como seria voltar a se dedicar a essa atividade e procure perceber se ela ainda poderia ser para você uma fonte de alegria. Se nada mais restou que o ligue à suas antigas preferências, passe para as novas opções. As novidades parecem ser mais facilmente aceitas, pois, fazendo algo ligado ao passado, as recordações podem estar presentes.

Seja da maneira que for, é preciso aceitar a necessidade de escolher uma atividade que lhe seja adequada, e que possa trazer-lhe alguns instantes de alegria.

Esse remédio, usado uma vez por semana, pode fazer com que a harmonia retorne. É possível sentir um reequilíbrio em vários níveis quando ele começa a fazer efeito. O sono se normaliza, as funções glandulares são ativadas, a alma recupera a esperança, o apetite é retomado.

Agora, se não houver uma insistente e determinada persistência na aplicação do remédio, quebra-se a continuidade do tratamento, minimizando seu resultado, tornando-o quase nulo. Uma vez começado, insista bastante. Lembre-se dele como um recurso indispensável para sua recuperação.

Para dar algumas idéias, vou colocar uma série de opções para aqueles que se sentem desmotivados a tomar o nosso remédio. Por favor, analisem nossas sugestões com simpatia, tentando sentir por alguma delas alguma afinidade.

ALEGRIA ATRAVÉS DO HUMOR: assistir a bons filmes cômicos, ler livros ou revistas de humor, ouvir piadas numa roda de amigos, assistir programas de televisão com bons comediantes, ir ao teatro para ver uma boa comédia.

ALEGRIA ATRAVÉS DA DIVERSÃO: sair com amigos para jantar ou para ver um espetáculo, ir a reuniões sociais com pessoas alegres, sair para fazer algo que aprecia muito, ir a festas em clubes ou casas noturnas bem animadas, passar um dia num lugar muito bonito.

ALEGRIA ATRAVÉS DA OCUPAÇÃO: escolher um *hobby*, aprender a dançar ou cantar, ter aulas de pintura, música ou outra coisa que sempre desejou aprender, praticar um esporte de competição.

Vá atrás da alegria e lembre-se sempre de como o riso expulsa a energia de baixa qualidade, repondo a boa energia.

O que fazer uma vez por mês

Como falamos anteriormente, a doação é a expressão característica das almas mais evoluídas. Com certeza, se você chegou até aqui, é uma dessas almas, pois só quem tem alguma luz é capaz de desejar fazer por si, enquanto faz pelos outros.

Dedicar-se à caridade no momento de purificação é um recurso capaz de atrair a energia de boa qualidade, que será importante na renovação e defesa da alma abatida.

Ao doar, temos que entregar aquilo que podemos, mas atendendo à necessidade de quem vai receber. Há também um limite para a doação, pois ela não pode esgotar as fontes das quais se nutre. Pode parecer fácil doar, mas fazê-lo com sabedoria é um pouco complicado. Muitas vezes, quem pede alguma coisa não precisa realmente daquilo que solicita. Outras vezes, pede o que é capaz de conseguir sozinho, se tiver ao menos uma boa orientação.

Há dois tipos básicos de doação, e já que você vai fazer isso, deve saber escolher. Existe a doação material e a doação da alma, ambas igualmente importantes.

A doação material supre as carências físicas do ser humano menos favorecido. Essas carências são características de almas pouco evoluídas, em processo de provação, ou de almas mais aperfeiçoadas, que estão se purificando por meio da pobreza. Ela deve ser praticada do modo mais anônimo possível, para não criar dependência nem humilhar. O ideal é que aconteça indiretamente, isto é, por meio de uma entidade que se encarregue de distribuir o que foi doado.

A doação da alma é mais complexa e implica a prestação de um serviço. Essa não pode ser esporádica, como a doação material, pois traz consigo compromissos. Estão enquadrados nesse tipo de doação os serviços assistenciais e os serviços espirituais. Uma vez que opte por uma doação desse tipo, esteja consciente de que isso implica um envolvimento maior, com responsabilidades. A recompensa pelo bem assim realizado é certa e sempre excede as expectativas.

Faça a sua escolha, mas lembre-se que neste momento de dor só lhe é cobrado aquilo que você tem capacidade de fazer. Faça, porém, como foi sugerido: como um remédio, tomado com perseverança, pela necessidade de curar a sua alma.

O que fazer uma vez por ano

Nos calendários ocidental e oriental há um dia certo para lembrarmos daqueles que perdemos. Após o final do luto, que cada um faz durar o quanto ache necessário, comece a ver suas mais fortes lembranças como algo que pertence a uma fase que já acabou. Conserve, no entanto, uma data especial para honrar o espírito que se distanciou.

Essa data pode obedecer à tradição, no dia 2 de novembro, ou poderá ser determinada por algum motivo pessoal. A esposa talvez queira lembrar o marido no dia e mês que se conheceram, por exemplo. O pai, quem sabe, ache que o dia do aniversário do filho é a melhor data para consagrar à memória do seu espírito.

Seja qual for a data escolhida, ela é um marco. Nesse dia o choro, a tristeza e as boas lembranças têm seu espaço. A partir do momento que consagrou uma determinada data para honrar a pessoa que partiu, procure limitar a esse dia suas manifestações de sentimento pela ausência dela, principalmente se esse sentimento for de tristeza.

Eu freqüento um salão de cabeleireiros há muitos anos. Ali havia um senhor já idoso, japonês, que cortava o cabelo dos homens. Ele tinha boa clientela, era uma pessoa reservada, mas bastante simpática e competente. Um dia, ele morreu. Sua morte foi um choque para os outros profissionais do salão, pois ele era uma espécie de guia para todos. Eu estava um dia lavando meu cabelo quando chegou ao salão a esposa desse homem, justamente um ano depois da data do falecimento do marido. Ela trouxe ao salão, na hora do almoço, uma refeição muito especial, e fez questão que todos comessem e bebessem, rindo, manifestando alegria. Um dos rapazes comentou que não podia ficar alegre, e ela disse que ele poderia ficar triste se assim quisesse, mas que o marido iria preferir vê-lo contente. Agora ela faz isso todos os anos. Esse procedimento, que tem suas origens na tradição japonesa, nos mostra que há uma hora certa para se recordar, quando se expressa uma atitude mais positiva do que negativa frente às lembranças. Limitar isso, depois de um tempo, a uma data, é o mais equilibrado. O dia determinado para honrar as lembranças pode ser inteiramente dedicado às recordações. No entanto, ele marca os limites da dor e põe ordem no que poderia se transformar num caos, se fosse deixado sem controle.

PARTE III

Mensagens Para Quem Ficou

Nesta parte do livro estão reunidas mensagens de alguns espíritos que desejaram enviar consolo aos seus entes queridos. Essas mensagens são endereçadas a algumas pessoas em particular, mas servem pelas instruções nelas contidas, que conduzem a aprendizados. Este é o único trecho do livro que foi psicografado, recebido de espíritos que se identificaram. Foi uma surpresa para mim que isso acontecesse. Originalmente, este livro estava estruturado para conter apenas três partes: as duas primeiras e a que agora, depois desta parte que não estava nas minhas cogitações, passou a ser a quarta parte deste volume.

Mensagem de uma filha para a mãe que sofre

(por Andiara Luzia)

Mãe, o seu pranto me assusta. Ainda estou traumatizada por estar, tão de repente, afastada de você e do meu filhinho. Sinto também falta do meu esposo e de minhas amigas, mas o pior é ver o seu sofrimento. Há momentos em que eu posso sentir ao meu redor amparo, e quase me volto para os espíritos de luz que desejam me ajudar, conduzindo-me para o lugar em que devo permanecer nesta nova etapa da minha existência. Mas sua dor, no último momento, me faz voltar as costas a eles e eu fico ainda mais uma vez perto de você, angustiada por não poder fazer nada para consolá-la.

Querida mãezinha, sua filha está viva e bem. Eu sofro muito mais por presenciar a sua dor do que por não poder estar ao seu lado. Quando desencarnei, não tinha lembranças do meu passado recente, sentia-me só e apavorada, pois não sabia onde estava. Aos poucos minha memória foi voltando e eu percebi que havia desencarnado. Recordei minha doença, a vontade de viver sendo afastada pela fraqueza, a entrega final do meu corpo de matéria. É curioso, mas não senti muita angústia, pois sempre acreditei nas vidas sucessivas, na vida como espírito e como matéria alternando-se naturalmente, como forma de aprender. Esse entendimento não me livrou da dor de ver que os que deixei estavam sofrendo.

Nos dias que se seguiram à minha morte, fiquei vagando pela minha casa, pela sua, pelo meu local de trabalho. Eu estava me despedindo, estava me adaptando à minha nova condição de ser. Em cada um desses lugares, pude ouvir e ver que era amada, pois tudo o que diziam de mim eram elogios. Eu não estava, porém, preparada para presenciar a dor dos que deixei, principalmente a sua. Essa dor cria uma massa cinzenta que me rodeia, quero fugir dela mas não consigo. Quando alguma pessoa faz uma oração pelo descanso de minha alma, sinto alívio, até parece que a tal nuvem se afasta de mim. Mas é por pouco tempo, pois logo em seguida ouço o choro, presencio desespero e fico novamente isolada num espaço de pouca luz.

Já se passaram vários dias. Na contagem do tempo aí da Terra, ao todo faz dois meses que eu desencarnei. Tenho cada vez mais a consciência de que não posso ficar ao redor de vocês; sei que tenho que continuar, indo para onde me esperam. Mas você não me deixa ir. Entendo que não faz isso por mal, compreendo que a dor que se vive ao perder um filho é muito grande, mas, por favor, tente compreender que esse seu sofrimento está me causando muita dor também.

Eu a escuto quando chama pelo meu nome, estou junto na hora em que vai ao cemitério enfeitar meu túmulo e fica quase desfalecida a chorar. Sinto quando deixa de fazer uma refeição porque está triste. É horrível para mim não poder ajudá-la nesses momentos!

Aqui onde estou é muito triste, não tenho com quem conversar, nem tenho nada para fazer. Logo eu, que era tão ativa! As horas não são contadas como aí, por isso tenho que tomar como base o tempo aí da Terra. Isso me faz ficar ainda mais tensa, pois o tempo parece que parou para mim. Tudo o que me liga à vida passada faz-me retornar às impressões materiais e me prende à situação indefinida em que me encontro. Lá onde me esperam há muito que fazer, bastante a aprender. Os espíritos de luz encarregados da minha assistência estão sempre me chamando, mas faço como um surdo que não ouve nada e permaneço apegada a uma vida que não faz mais parte da minha realidade.

Tenho orado pela sua paz; visito-a enquanto dorme,

para lhe passar sonhos tranqüilos, refazer sua estrutura áurica, defendê-la dos espíritos sem luz que vejo tentarem se nutrir da sua desesperança. Mãezinha, você está muito indefesa dentro dessa dor! O sofrimento intenso enfraquece a sua alma, deixando que ela se exponha a todas as almas sem luz que sugam suas energias. Como vai ser quando eu tiver que me afastar inevitavelmente de você?

André e Augusto, meu marido e meu filho, estão bem. Embora cheios de dor, um dá amparo ao outro. Nosso tempo juntos tinha uma razão de ser que foi cumprida plenamente, e agora eles se reorganizam para prosseguir, sem a minha presença, seu caminho evolutivo. Eles vão sentir minha falta de um modo mais harmônico, e isso me dá muita força. Saber que podem prosseguir sem mim é motivo de tranqüilidade para o meu espírito. Quando à noite André coloca Augusto na cama e eles fazem juntos uma oração pela minha paz, essa energia que me enviam é especialmente importante, principalmente nesta fase indeterminada pela qual estou passando.

Assim como eu disponho de ajuda aqui, você também tem à sua disposição muitos tipos de ajuda. Esta fase, que é difícil, vai terminar quando você puder perceber que eu estou bem, viva, e isso será conseguido se você aprender aquelas coisas que nunca quis deixar que eu lhe ensinasse. Olhe, a vida não termina com a morte. Ao contrário, quem morre volta para a sua verdadeira vida, que é a vida espiritual. Quando isso acontece é um momento de libertação, pois o corpo que se tinha aí na Terra era material e, assim sendo, era perecível. O espírito não morre, ele só sofre processos de melhoria e, como não é matéria, não se decompõe. Agora eu estou melhor e mais inteira do que estive em qualquer momento ao seu lado. Não tenho dores, nem nenhum tipo de mal-estar físico. Só me afligem as emoções negativas que estão ligadas aos que aí deixei. É por isso que a sua dor me atinge tanto e me enfraquece.

Leia mais, assista palestras sobre assuntos espíritas e converse com pessoas que já passaram pelo que você está passando para sair desse mar de dor em que está se afogando. Eu quero você viva e integrada às suas atividades como sempre foi. Papai está aqui e em breve, quando eu puder encontrá-lo, não desejo ter que lhe dizer que você está mal. Muito dessa sua ligação comigo foi concentrada pelo desencarne tão cedo de papai, você acabou por me fazer o centro e a única razão da sua vida. E isso não está certo, a maior razão que alguém tem para viver deve ser a sua própria vida, que é uma graça de Deus.

Se você não está conosco, deve haver uma explicação. Procure descobrir qual é, pois um espírito só desencarna quando termina sua tarefa aí na Terra. Se você está viva é porque ainda tem que fazer algo por si ou pelos outros. Mas não caia no engano de concentrar numa outra pessoa o amor que tinha por mim. Espalhe esse amor por quantas pessoas precisem dele, indo fazer um pouco por todos os que mostrarem ter necessidade de ajuda. Isso é que é crescer.

Assim como você conseguiu vencer o apego que tinha por mim ao me deixar ir para a escola sozinha pela primeira vez, da mesma maneira que teve que superar suas incertezas quando tirei minha carteira de motorista e ganhei um carro, agora terá que me deixar seguir adiante. Compreenda que eu preciso ir, que já estou atrasada. Sua insistência no pranto e seus chamados me aprisionam. Preciso vê-la bem para poder ir em paz; faça isso por mim e terá sua filha muito mais viva e feliz do que está neste momento. Ajude-me, querida mãe! Preciso de você mais do que em qualquer momento em que estivemos unidas antes.

Temos que dizer adeus, mas é um adeus temporário. Pense em tudo o que eu lhe disse agora que mais tarde, ao acordar, vai recordar apenas em parte, como se tivesse sido um sonho. Você vai acabar compreendendo por que preciso da sua ajuda.

Vou colocar minha mão sobre a sua cabeça e beijá-la na fronte. Diga-me adeus, sem dor, sem choro. Logo mais estaremos de novo juntas. Este é apenas um intervalo.

Mensagem de um filho para o pai que sofre

(por Apolinário)

Seu Juvenal, hoje tive, pela primeira vez, autorização para revê-lo. Como isso me deixou feliz! No tempo aí da Terra já faz três anos que morri, ou melhor, desencarnei. Minha morte foi súbita, numa emboscada; até hoje meu corpo não foi encontrado. O senhor me esperava de volta da fazenda ao final da tarde e eu nunca retornei. O dinheiro que trazia comigo sumiu e sei que até hoje tem dúvidas se eu o roubei, pois era muito grande a soma que eu trazia, resultado de uma venda de gado.

Meu pai, fui homem de muitos erros e com pouca capacidade para as palavras; quase nunca manifestei meus sentimentos. Sei que o magoei muito durante a minha existência, mas nunca fui um filho desleal. Minhas dívidas de jogo causaram a minha morte por assassinato, mas não pensei em nenhum momento em ficar com o seu dinheiro para pagá-las. Só fiz a bobagem de contar para as pessoas erradas o negócio que eu estava indo fazer.

Na minha vida aí na Terra bebi, joguei, perdi a fazenda que o senhor me deu quando casei, abandonei minha mulher e meus filhos, asilei-me na sua casa quando não tinha mais para onde ir. Ainda aí continuei a me perder, envolvendo-me de novo na jogatina. Foi por isso que, quando me mataram, levei muito tempo para entender o que estava acontecendo. De repente me vi num lugar escuro, cheio de gemidos; achei mesmo que estava numa prisão. A revolta que senti por estar ali fez com que eu criasse mais problemas para mim. Eu despejava os venenos da ira, da impaciência, da vingança.

Quando pude me lembrar de meus assassinos, voltei à Terra em espírito para persegui-los. Um deles é hoje um ser destruído, que vaga pelo mundo como mendigo, quase insano, de tanto que o persegui. O outro suicidou-se. Mas essa perseguição não aliviou a minha dor em nada. Ao contrário, fiquei esgotado, sem nenhuma energia e tive que voltar para o lugar escuro, passando por mais sofrimentos que antes.

Às vezes eu ouvia a voz de mamãe que me chamava. Agora sei que eram as orações de minha mãe que me vinham como apelos. Num momento, quando já não agüentava mais tanto sofrimento, chamei por ela, pedi que me iluminasse e, nessa hora, pude ver um raio de luz que me cercava e dois vultos que se aproximavam de mim. Eram seres luminosos, vestidos de branco, que me estendiam a mão. Eles me disseram que bastaria ter no meu coração uma vontade sincera de mudar para receber ajuda. Eu disse que não queria mudar, que apenas desejava sair dali e ter forças para continuar com a minha vingança. Eu queria agora destruir as famílias de meus assassinos, perseguir seus filhos. No mesmo instante a luz se apagou e os seres desapareceram.

Cada vez que eu chamava por minha mãe, esses seres voltavam e, numa das vezes, aceitei de coração a condição de ser sincero no arrependimento que me impunham, pois eu não tinha mais forças para nada. Esses espíritos dedicados ao socorro do mundo espiritual cuidaram de mim. Primeiro me levaram para uma espécie de hospital, onde eu dormia quase todo o tempo. Mais tarde, começaram a conversar comigo, ensinando coisas que eu nunca imaginava que pudessem ser como eles me provavam que eram. Quando fiquei forte, comecei a trabalhar, e isso me fez muito bem. Eu trabalhava quase sem descanso, como fazia no tempo em que o ajudava na fazenda, e eles me disseram, um dia, que eu estava acumulando merecimento pela minha dedicação ao trabalho. Continuei interessado em aprender e agora sei de muitas coisas.

Aprendi que não existe continuidade no mundo material, que aí tudo acaba um dia. Por isso é que dinheiro é uma coisa de pouco valor; só serve para resolver as necessidades de comer, morar, vestir, estudar. Em espírito, nossas necessidades são outras; a gente come bem menos do que por aí; não tem tanto sono, nem precisa de dinheiro. A água é um alimento para o espírito; aí só me servia para matar a sede.

Sei agora que só o corpo espiritual é que continua para sempre. Isso que eu estou fazendo, que é trabalhar e aprender, vai me proporcionar em breve uma nova vida, com mais chances de acertar do que eu tinha antes.

É o merecimento que acumulei durante o tempo em que trabalhei e aprendi que me permitiu voltar agora para ver como está tudo o que eu deixei. Eu vi como ajudou meus filhos, como eles estão mais crescidos, dois belos meninos. Soube que minha mulher não quis se casar de novo, coitada, depois de tanto que padeceu comigo. Mas eu quis falar com o senhor, que no momento é a minha maior preocupação.

Minha mãe sempre foi uma mulher ligada a Deus, tanto que devo a ela e às suas orações a minha capacidade de escapar do tormento em que fiquei depois de minha morte. Sem a ajuda dela, talvez eu estivesse até hoje me debatendo na revolta. Mas o senhor sempre considerou as coisas materiais mais importantes, sendo dedicado à família e ao que possuía, homem trabalhador e honesto, que deixava as rezas para as mulheres.

Quero lhe trazer as informações que agora tenho, para que possa se preparar para sofrer menos quando desencarnar. Se continuar com seu coração endurecido, vai penar como eu penei. É bem verdade que o seu sofrimento será menos intenso, seus pecados são poucos, mas vai ficar muito desorientado quando morrer. Uma vez que não crê na vida dos espíritos, não terá logo a ajuda dos encarregados de socorrê-lo, por incapacidade de percebê-los, como aconteceu comigo.

Peço-lhe, senhor meu pai, que me perdoe por tudo o que eu lhe fiz no passado. Abrande o seu coração e deixe que a redenção do perdão alivie o sofrimento por que tem passado. É devido à sua intransigência que suas juntas estão duras, cheias de dor, atingidas pela artrite. Aprenda a ceder, ouça a minha mãe e suas palavras. Leia o Evangelho e veja como Jesus pregou o perdão antes de tudo.

A amargura de se julgar roubado pelo próprio filho arruína o seu fígado, e a secura de suas palavras, quando se referem a mim, paralisa-lhe os rins. Todas as suas doenças são fruto do seu tormento interior e podem terminar quando conseguir me perdoar. Perdoando-me, acabará por perdoar a si mesmo, uma vez que no fundo se julga culpado por ter-me iniciado na bebida muito cedo.

Meu pai, em breve reencarnarei, mas você, me disseram, já terá desencarnado. Dessa forma, nosso reencontro só acontecerá muito adiante. Prepare-se para deixar a vida material e entrar numa fase diferente, cheia de oportunidades de crescimento, na qual as possibilidades para quem quer melhorar são infinitas. Se ambos conseguirmos mudar, nosso futuro reencontro será menos sofrido, pois poderemos aproveitá-lo como merecemos.

Nossa sorte é que mamãe, a boa dona Sofia, espírito de muita perfeição, estará sempre encarregada de zelar por nós, não deixando que nossos tropeços sejam definitivos.

Até um outro momento, mais propício, quando poderemos refazer nossas ligações com mais facilidade.

Mensagem de uma mãe para o filho que sofre

(por Isadora Michel)

Filho amado, é uma regalia poder falar contigo. Estás dormindo, sorris para mim. Quantos anos sem nos vermos! Minha partida inesperada foi uma triste separação, não é verdade?

Tua presença será sempre para mim a melhor das compensações. Não posso me conter e as emoções fluem soltas, ao fitar o teu semblante adormecido!

Já faz algum tempo, tive licença para visitar-te, e tenho feito isso freqüentemente. Tens sonhado muito comigo, não é verdade? Em espírito posso suavizar tuas angústias através de bons sonhos. Mas, se quiseres, hoje podes sair de teu corpo, projetando teu espírito. Tenta fazer isso, vem sentar-te ao meu lado um pouco, para conversarmos. Dá-me tua mão, não temas. Vem.

Vês como não é tão difícil? Nosso espírito se desprende naturalmente do corpo enquanto dormimos. Ele faz isso com facilidade, mas a maioria das pessoas tem medo de ir embora definitivamente e impede que isso aconteça. Não há risco, pois em projeção a alma fica unida ao corpo por um cordão, e o retorno será imediato, caso o desejes.

Deixa-me lembrar um pouco do nosso passado. Recordo o dia em que soube que estavas sendo gerado em meu ventre; foste um filho muito desejado. Lembro-me com saudades a alegria de ver tua carinha pela primeira vez, ainda todo sujinho, nas mãos da parteira. Recordo e vejo tudo como se fosse um filme: teus primeiros passos, tuas primeiras palavras. Lembras-te como ia, todo dia, levar-te para a escola bem cedinho, de mãos dadas? Eu amava meus outros filhos, mas para mim tu eras especial! Sempre tão organizado, limpinho, estudioso e carinhoso, um menino perfeito.

Não vim para trazer saudades, nem para enaltecer nossa ligação do passado, que agora eu sei que tinha bases erradas, mas como é bom recordar! Éramos unidos como irmãos gêmeos, tudo o que fazíamos queríamos correr para contar um ao outro. E foi por isso que precisávamos aprender a lição da separação, talvez para podermos amar mais ainda...

Sabes que depois de desencarnar estou mais consciente das razões de Deus para nossas vidas, pois fui muito ajudada. Além disso, recebi informações de que a nossa ligação é muito antiga, mas sem fundamentos kármicos negativos. Já fui tua mãe por algumas vezes, e esta é a nossa verdadeira condição, a que repetiremos em várias existências: mãe e filho. Mas tivemos outras vidas, com outros tipos de parentesco.

Ao desencarnar, fui instruída sobre todos os assuntos espirituais, e minha memória de outras vidas anteriores, que eu teimava em manter limitada à encarnação imediatamente passada, também voltou. Aprendi que fazemos parte de um grupo familiar composto de vários membros, que sempre volta a se reunir nos intervalos das encarnações, e algumas vezes também estão próximos quando encarnados.

A união de espíritos em famílias é comum, e sua explicação está nos laços criados com base nas mesmas qualidades espirituais. Sendo parecidos em evolução, sentem-se bem quando estão próximos e estão sempre se reunindo.

Mas nós dois começamos a desvirtuar nossa ligação espiritual, criando dependência mútua, e é por isso que estivemos merecendo a dor da separação: ela é corretiva. Tivemos que nos separar para aprender a verdadeira razão das ligações espirituais. Não pode existir nenhum tipo de razão egoísta na proximidade de dois espíritos. Quando estão em união, os espíritos não devem manifestar preferências. E nós dois erramos, pois nos aproximávamos em demasia. Quando puderes perceber que erramos, libertar-te-ás das tristezas que sentes por não estares perto de mim, pois compreenderás que esta é uma situação temporária.

A nova era da humanidade apresentará uma alteração de ordem espiritual que virá depois que os homens aprenderem a unificar sua consciência e a enxergar cada um dos seus semelhantes como membros da mesma família. Até que chegue esse tempo, é importante que todos vivam dando atenção ao espírito, evitando qualquer manifestação egoísta. Pode-se ir mais além, aprendendo a perdoar. E isso nós estamos fazendo, com certeza.

Tens ainda um longo tempo na atual encarnação e o anúncio que te trago é de que voltarei a estar contigo em breve. Essa permissão, recebida no mundo espiritual depois de muito servir, deu-me grande prazer. E foi exatamente isso que vim anunciar-te. Precisamos saber desta vez como agir, para não errarmos de novo, voltando a sofrer. Vamos tentar corrigir nossas atitudes e eu precisarei ajudar-te quando vacilares, pois estou mais esclarecida que tu. Além disso, também precisarei provar a meus instrutores espirituais que aprendi a lição, sabendo demonstrar, com a minha conduta, que o apego excessivo é sinal de atraso. Na verdade, escolhi esse teste como meta principal para a minha próxima encarnação, que passarei muito próxima de ti, como tua neta predileta. Imagina só: quando nascer a tua neta, é a tua mãe que volta!

Preocupo-me contigo, pois a dor de nos afastarmos fez de ti um homem indiferente e por vezes bastante duro. Com a tua esposa tinhas objetivos apenas materiais; com teus filhos foste um pai muito exigente e frio. Não cuidaste em não aumentar o número de teus inimigos e vives longe da natureza, que destróis. Como alguém pode sobreviver da faina de derrubar árvores? Vou tentar modificar teus pensamentos a este respeito e um dia ajudar-te-ei a plantar muitas árvores. Todas as manifestações da vida são sagradas perante Deus, e a medida de sua utilização é a necessidade individual e não o enriquecimento.

Felizmente, voltarei como a única capaz de tocar o teu coração e restituir-te-ei a suavidade que antes tinhas. É pena que não poderás recordar nada do que te digo neste instante, enquanto conversamos. Ao acordar, terás apenas a sensação de que em sonho vias a minha imagem e te sentias muito feliz ao meu lado. Em breve receberás a notícia da gravidez da tua nora, o que te deixará muito feliz. Todos haverão de estranhar que um homem que sempre foi tão seco agora se emocione com a chegada de um bebê. Daqui a nove meses nos reencontraremos e, dessa vez, saberemos como agir.

Volta agora para o teu corpo e continua a dormir. Repousa em paz. Até breve, filho amado!

Mensagem de um pai para o filho que sofre

(por Ignácio Brandão)

Antônio, filho querido. Quem fala com você é o seu pai. Tenho assistido ao seu sofrimento desde que desencarnei, mas só agora tive condições de me comunicar com você. Eu precisava primeiro estar em boa situação, pois a minha fase de adaptação ao mundo espiritual foi lenta e bastante difícil para mim.

Se, quando encarnado, o espírito é muito ligado aos prazeres materiais, ao desencarnar ele fica desestruturado, pois perde as referências que tinha. Eu era muito comilão; a gula era o meu maior defeito, e foi exatamente por causa da comida que eu morri antes da hora. Quando desencarnei, estava com 120 quilos, diabético e cardíaco. Meu padecimento maior, logo depois de desencarnar, era que nada me alimentava satisfatoriamente, pois em espírito minha alimentação não trazia sensações semelhantes às que meu corpo material sentia antes. Eu era presa dos sentidos. Fiquei nesse sofrimento por muito tempo; eu tinha uma fome horrível!

Só agora, depois que me libertei da memória das sensações físicas, é que pude começar a avançar na vida espiritual. Estando melhor, principiei a ouvir seus apelos e presenciei o seu desespero pela minha partida. Existem tantas razões para a dor que você sente, mas nenhuma delas, sinto dizer-lhe, é válida para o espírito.

Sua aflição tem como base a falta que eu faço na administração dos negócios da família e nos rendimentos que eu produzia, dando a todos uma vida regalada. Está difícil para você exercer o controle que eu mantinha sobre todos em casa, tarefa que agora cabe a você. Faz diferença a posição social e política que eu tive, cujo prestígio se estendia para todos os meus parentes, coisa que acabou por ocasião da minha morte.

Mas eu não o vejo chorar por falta de um amigo para conversar, nem por falta de um ombro para amparo, nem mesmo por sentir necessidade de um orientador. Sei que é assim porque essas atribuições, que deveriam ser de um pai, você nunca as enxergou em mim, embora eu as desejasse ter tido.

Devo ter errado, para ter tornado sua alma tão indiferente, mas ainda é possível alertá-lo para que não erre com seus filhos. Mude seus valores, enquanto é tempo. Cuide da matéria dentro da medida exata que ela deve ter e valorize mais o espírito: ele é o seu corpo verdadeiro, imortal.

Sua mulher é bem mais consciente que você; ela sabe das necessidades verdadeiras da alma e quais são as razões para que alguém venha a ter uma vida nesse mundo de matéria. Você ri das explicações que ela tenta lhe dar, menospreza sua maneira suave de ser, confundindo integridade moral e espírito pacífico com fraqueza. Ela é mulher de muita força e poderá provar-lhe isso mais tarde, quando você vacilar.

No mundo dos espíritos, estou terminando uma fase de instrução que irá me permitir, numa próxima existência, vencer a prisão que representam os prazeres dos sentidos. No meu caso, a ligação era com a comida, mas há pessoas que manifestam sua dependência sensória com sensualidade excessiva, preguiça, vícios e outras formas de extrair prazer repetido dos sentidos. Esse é um prazer puramente ilusório, mas ele é a pior das prisões, pois limita a vida de uma maneira muito negativa.

Além das informações que recebo, preparo-me para futuras vidas, mas para mim ainda estão fechadas as portas da reencarnação, uma vez que fui culpado por desperdiçar a vida que eu tinha. Quem não zela por seu corpo e perpetra contra ele qualquer tipo de agressão que resulte em morte demora a receber nova vida. Você é mais feliz, pois não precisa necessariamente terminar sua existência sem realizar alguma evolução, como eu.

Ainda é tempo de consertar os estragos que causou a si mesmo. É possível refazer suas defesas e reforçar seu espírito. Busque ajuda para isso; olhe ao seu lado, que ela está bem próxima. Basta querer e aceitar, que o bem irá iluminá-lo.

A melhora sempre se inicia com a limpeza; portanto, elimine alguns comportamentos que ferem, principalmente os que magoam outras almas. Conheço-o bem, por isso posso sugerir que, de início, corrija atitudes como intolerância, crítica, menosprezo, censura e ironia. Suas palavras expressam uma carga muito forte dessas coisas tão negativas, atingindo os outros como ataques. Como você tem poderes sobre seus subordinados e sobre sua família, está sempre a diminuí-los com suas observações maldosas. Está certo que o erro deve cessar, mas não é destacando-o com freqüência que você o conseguirá. Modere suas críticas e não ofenda; logo sentirá mais apoio e as pessoas desejarão mostrar que merecem a sua admiração com atos mais e mais perfeitos. Todos guardam em si o desejo inato de fazer mais, todos querem melhorar.

Quem quer mudar os outros precisa aprender a ter ausência de julgamento, pois quem julga projeta suas próprias deficiências no outro. Como alguém pode querer mudar alguém se não consegue ficar atento às suas próprias ações?

Quando tiver corrigido suas atitudes e palavras, comece a expressar mais suas qualidades positivas. Manifeste sua generosidade, sua simplicidade, sua paciência. São qualidades inatas, de natureza divina, que podem estar escondidas, mas que existem na alma imortal de todos os homens. Quem muda sua forma de ser acaba fazendo com que aqueles com quem convive também mudem. Para mudar é importante que exista uma vontade interior forte e agir guiado pelo exemplo dos homens perfeitos. A orientação mais firme que você pode encontrar está no grande mestre Jesus.

Quanta coisa aprendi depois que desencarnei! E poderia tê-las aprendido aí mesmo...

Filho, nossa família precisa do seu trabalho e liderança para sobreviver; você é o único apto a ajudá-los, pois deixei os negócios nas suas mãos. E você tem capacidade para realizar essa tarefa. Mas veja que sua obrigação é muito superior às situações materiais. Não se descuide da parte espiritual, senão suas ações estarão limitadas e eles ficarão sem saída, perdendo oportunidades de crescimento.

Estou certo que você entenderá a minha mensagem, sei que abrirá seus olhos para uma realidade superior àquela que tem vivido. Aqui, onde me encontro, oro para que em breve tenha encontrado suas soluções e esteja cada vez mais forte, sendo um farol para muitos outros homens. Que meu amor lhe dê forças.

Mensagem de uma esposa para o marido que sofre

(por Analia dos Santos Cruz)

Amado esposo de muitas vidas; eu gostaria de estar ao teu lado para sempre, mas sempre temos que estar nos separando. Haverá um tempo em que nos uniremos definitivamente, com estabilidade, mas por enquanto ainda passaremos por um longo caminho de separações e reencontros. Felizmente, os aprendizados que temos que realizar e nossas ligações kármicas com outras pessoas criam trilhas individuais que por vezes se cruzam.

Desencarnada, recupero minhas lembranças e recebo lições, ficando mais fácil de aceitar a nossa separação. Mas tu, amado meu, quanto tens padecido! Estás tão desorientado, não enxergas razão para a tua existência depois que desencarnei. Isso me entristece, pois pouco posso fazer no momento para ajudar-te. Ainda esta noite, enquanto bebias, tive muito medo de que perdesses a lucidez e cometesses um ato desvairado. Como podes gritar contra Deus e questionar as suas razões? Ele tem motivos justos dos quais não podes duvidar.

Olha ao teu lado quando acordares e vê quanta desordem, quanta coisa por fazer. Nosso filho mais novo, agora mesmo, enquanto dormes teu sono de ébrio, está com as fraldas sujas e tem fome. Ele já chorou muito e adormeceu, cansado. André, o maior, está assistindo a um desenho na televisão, sem ter comido nada desde que acordou, e Aninha já está na rua andando de bicicleta com as vizinhas. Ela corre muitos riscos se não a orientares; é quase uma mocinha. Se me amas, tens que me ver nos nossos filhos e, sendo assim, não podes deixá-los passar por necessidades e perigos.

Em teu coração sabes de tudo quanto digo, mas quando, no fim de semana, trazes para casa a garrafa de bebida, dizendo que só na sexta-feira não faz mal beber um pouquinho para alívio da dor, esqueces de tudo o que é a tua obrigação como pai. A bebida é um consolo para almas vazias, e a tua nada sentirá de melhor com ela; é pura ilusão o que pensas alcançar pelo álcool.

No mundo espiritual, conseguimos retomar os verdadeiros valores muito depressa. Aprendemos que a matéria e as ligações cujo suporte estão nela têm pouco valor. Dessa maneira, aquele ciúme enorme que eu sentia por ti perdeu a razão de ser. Não sou nem nunca serei a tua dona, pois és espírito e um espírito é completamente livre. Os espíritos só estão juntos quando existe uma grande sintonia entre eles e quando aquilo que podem realizar unidos tem uma dimensão maior.

Nosso trabalho juntos, como espíritos, foi gerar três lindos e perfeitos filhos. Ao fazê-lo, assumimos uma grande responsabilidade perante Deus: zelar por eles e educá-los. Minha parte foi mais curta que a tua, pois desencarnei primeiro. Agora continuas com essa responsabilidade só para ti e isso, eu bem o sei, é um peso demasiado. Tens que trabalhar e sobra-te pouco tempo para olhar por eles. Deixá-los cada hora na casa de um parente está fazendo com que fiquem desorganizados e indisciplinados. A única solução, tu já sabes há muito tempo, é que te cases novamente.

Sei que te admiras por ser eu quem te digo isso, eu que era uma mulher tão possessiva! Mas, como já te disse, mudei bastante. Sei que somos espíritos afins, que por opção sadia sempre escolheremos estar juntos como esposos. Mas tenho consciência de que poderás ter outras esposas quando encarnado, assim como eu também poderei ter, em encarnações diferentes, outros companheiros. Nosso amor será sempre o maior de todos os que experimentaremos, mas há aprendizados que teremos de realizar com outros espíritos. Esses aprendizados incluirão outras uniões. Se isso antes era para mim inaceitável, hoje é tão claro que nem podes imaginar. Gostaria que o entendesses também e com essa lucidez pudesses enxergar que já existe uma mulher interessada em fazer parte da tua vida. Ela será uma mãe para meus filhos e, tende certeza, isso me deixará muito feliz.

Sei que desencarnei cedo porque minhas atribuições serão grandes nesta fase em que passarei desencarnada. Terei muitas responsabilidades, que acabarão proporcionando ao meu espírito um crescimento que ele ainda não alcançou. Mas o mérito que acumularei trará para mim alguns benefícios e, entre eles, o de poder desde já voltar à Terra para estar perto de nossos filhos cada vez que um deles esteja para tropeçar na estrada da vida. Cada vez que tiverem uma perturbação, eu serei amparo e luz.

Transmite a nossas crianças as crenças que sempre tive, ensina-lhes sobre a vida espiritual e o renascimento. Dize-lhes que eu estou viva e atenta às suas necessidades; faze deles homens de fé, fortes e íntegros.

Agora, tu. Acorda, homem! Sabes o que estás fazendo com a tua alma quando bebes, como a expões ao que existe de mais nocivo no mundo espiritual! Levanta hoje e lança longe essas garrafas; limpa tua vida dessa escuridão, reabastece-te de energia em Deus. Nada te falta, tudo possuis para organizar aquilo que te parece mal. Trabalha por ti e estarás fazendo por mim. Zela pelo bem que construímos juntos e torna-te um homem feliz, que esse é agora o meu mais ambicionado desejo.

Vou orar por ti incansavelmente, serei tua guia e amor por um tempo que não se pode medir, mas cobro de ti empenho no cumprimento de tuas necessidades espirituais. Não adormeças no desânimo, nem sejas condescendente com o vício. Espero de ti nada menos do que foi a tua proposta ao encarnar. Se parares para pensar e pedires luz a Deus, poderás recordar quais são os teus objetivos e seguirás novamente na direção certa.

Quando precisares de força vida afora, chama-me, que eu poderei dar-te alguma luz.

Mensagem de um esposo para a mulher que sofre

(por Clodoaldo Guimarães)

Fui homem simples e de pouca instrução, quase nada entendia das coisas de depois da morte. Levei um tempão para saber que tinha morrido; achei que era um pesadelo que estava demorando a passar. Eu dormia e acordava sempre num hospital branco. Lá só vinham falar comigo duas pessoas, duas mulheres, e nenhuma delas era enfermeira, porque eu pedia remédio para a dor que sentia no coração e nenhuma me dava uma coisa para essa dor. Essas mulheres só vinham para conversar e falavam de uns assuntos que demoraram a entrar na minha cabeça.

Quando me diziam que eu estava morto, queria rir na

cara delas, mas seria falta de respeito para com mulheres tão finas e educadas, e eu ficava rindo só por dentro. Tanto elas repetiram, que eu comecei a prestar atenção, principalmente porque nunca eu tinha tido um sonho tão demorado como aquele.

E eu pensava, mas se estou morto, por que tenho dores? E elas me disseram que era apenas como um reflexo, que logo passaria. E passou mesmo. Então comecei a perguntar outras coisas, e descobri que elas conheciam bem toda a minha vida! Elas sabiam que eu era segurança, que andava armado, que minha mulher era mais velha que eu, que já tinha três filhos quando fomos morar juntos. Falaram sobre o quanto eu gostava dela, sabiam por que não podíamos ter um filho nosso. Elas sempre davam respostas a tudo o que eu perguntava, e quando eu fazia uma pergunta para testar, elas respondiam certinho.

Um dia criei coragem e perguntei como tinha morrido. Elas me contaram e a história delas me arrepiou, porque me fez lembrar de coisas que tinham acontecido de verdade, mas até aquela hora eu tinha me esquecido. Lembrei-me daquele dia, o último que vivi, em que cheguei no banco que eu trabalhava e encontrei todos muito atarefados porque ia sair o dinheiro para pagamento dos motoristas e cobradores de ônibus. Fiquei na porta na hora em que o carro-forte chegou; virei para o lado, olhando para dentro, esperando o sinal do gerente para abrir e um grito lá fora me assustou. Voltei depressa o rosto para o lado de fora, colocando a mão na minha arma e um zumbido me deixou tonto. Não lembro de mais nada, mas elas me contaram que eu caí duro para a frente, sem ver coisa alguma, pois tinha levado um tiro no peito, de uma arma pesada, que fez um buraco enorme. Morri daquele único tiro.

Em seguida, recordei também que pouco depois disso tudo eu acordei, e lembro bem da minha desorientação ao ver meu corpo caído no chão e de ficar andando em volta de mim mesmo. Foi como um filme de terror, horrível mesmo. Eu me via ali no chão, com aquele ferimento pavoroso, e sabia que não estava ali. As pessoas gritavam, havia outros mortos, tudo era uma enorme confusão, e quis sair daquele lugar. Pedi ajuda a Deus e tudo se apagou. Depois veio o tempo no hospital e minhas amigas de branco.

A dor no peito era por causa do meu corpo não material que se refazia. Elas me explicaram que eu fui ferido no coração porque esse era o lugar que sempre usei para ferir outras pessoas: meus pais, meus amigos e até minha mulher. Minha frieza congestionou esse ponto em meu corpo, que é como um molde para o corpo físico. O molde, que tem o nome de aura, é que cria a forma do corpo de toda gente, e quando ele tem um defeito em certo ponto, o homem tem um problema físico no mesmo lugar. Na verdade, elas me disseram que foi essa região do meu corpo que atraiu o tiro que levei. Não sei como elas sabem dessas coisas, mas tem lógica, pois sempre fui frio e distante, nunca achei bom que um homem mostrasse suas emoções.

Agora que já passei por um tratamento, a dor no coração foi embora e até sou capaz de aceitar que morri. Minhas amigas ainda estão encarregadas de me orientar, mas posso conversar com outras pessoas, que eles por aqui chamam de espíritos desencarnados. São todos mortos, mas não é como eu pensava; que a morte é o fim. Há vida depois dela, como você, minha mulher, sempre dizia. Bem que eu gostaria de poder contar para meus amigos que você estava certa!

Estou fazendo novos amigos e ouvindo muitas histórias incríveis. Quase tudo o que escuto me ensina alguma coisa nova. Aqui não existe rico nem pobre e todos têm que trabalhar. Logo eu vou ser mandado para um outro lugar, onde vou trabalhar. O trabalho que se faz depois de morto é tão duro quanto o que se fazia na Terra. Mas ele não é exagerado, sempre está na medida do que cada um pode realizar. O meu vai ser feito com tempo para estudar, coisa que eu sempre sonhei fazer. Nunca pensei: eu estudando para ser alguém! Mas eu chego lá.

Elas me falaram que com a ajuda de umas pessoas vivas que falam com os espíritos, mais tarde vou poder dizer para você, Anísia, as coisas que eu aprendi, pois você tem ido a um centro espírita e tenta receber de mim alguma mensagem. Sendo assim, quero que desde já saiba que eu estou bem, que vou ter muito para aprender e que um dia terei uma outra vida.

Dizem que eu tive um desencarne sem grande sofrimento porque, apesar de eu ser um espírito com pouco saber, tenho poucos erros passados. Contaram para mim que pude sair da fase de desorientação com o amparo das orações que você fez por mim em seguida à minha morte. Minhas amigas disseram que terei que aprender a perdoar o homem que me matou, pois ele é mais vítima do que eu.

Quero que você saiba que eu aceito a sua necessidade de ter outro homem. Desde que ele seja respeitador e ajude nas despesas da casa como eu fazia, está limpo. Só não quero ver você com um aproveitador. Disseram para mim que casei com Anísia porque é alguém da minha família espiritual e que um dia a gente se encontra de novo. Só quero ver se vai ser isso mesmo. Até agora nunca me falaram uma mentira; por isso estou acreditando.

Outra coisa que me disseram foi que eu não poderei escolher minha próxima vida, que eu ainda tenho pouca capacidade para fazer a escolha certa. Mas, se eu trabalhar, vou ficar numa situação em que poderei ir para a escola na outra vida, pois vou ter pais que vão me dar estudo.

Quero dizer também para você, Anísia, que estou aprendendo que amar é bonito e que um homem não precisa ter vergonha das coisas que o coração dele sente. E que quando o homem chora, isso não é sinal de que ele é fraco.

Quando eu tiver outra vida, além de estudar o que a professora ensinar na escola, vou querer ir a um centro igual aquele que você vai, para continuar tendo também os estudos espirituais, que nem faço aqui. Acho que isso tudo por que eu estou passando só me ajuda a mudar para melhor.

Mensagem de um jovem para os amigos que sofrem

(por Sidney)

Turma amiga, como é bom poder contar para vocês que eu estou bem e vivo. Quanto senti presenciar o sofrimento de vocês pela minha partida, ali quieto, sem poder fazer nada!

Em nenhum momento da doença que me abateu fiquei desorientado, triste ou revoltado. Tive muito amparo dos irmãos do centro espírita, dos colegas de classe e da turma do vôlei. Seu conforto me fez aceitar mais conformado o meu destino. Além disso, meu pai, sempre muito iluminado, me assistia em todas as crises de abatimento. Sei como me defenderam, como ajudaram a arrecadar fundos e remédios, bem como deram ajuda material para o meu tratamento.

Nunca poderei agradecer suficientemente a tantos que me demonstraram amor. A vocês, quero lembrar que o infortúnio como o que eu vivi no último ano de minha vida aí na Terra, representa para o homem espiritualizado a visita de Deus. Ele limpa a alma.

Não chorem a minha morte, porque estou vivo. Estou até mais vivo agora, uma vez que essa é a condição verdadeira do espírito: ser livre da matéria e solto para se expandir. O melhor do desencarne é que a lembrança de nossas experiências passadas de valor retornam, e a gente fica sabendo de coisas que não lembrava quando estava encarnado. E são lembranças de aprendizados realmente importantes as que tenho recuperado.

Se vocês tiverem paciência, vou falar sobre algumas delas, pois poderá ajudá-los bastante. A primeira que acho importante citar é a respeito do tipo de vibração que uma pessoa tem. Eu lembro como tinha dificuldade para encontrar uma namorada que combinasse comigo; era o mesmo com meus amigos. Em nosso grupo, todos viviam trocando de namorada e quanto isso nos deixava incomodados, pois acabávamos achando que tinha algo de errado conosco. É a tal da vibração que estava atuando. A pessoa atrai alguém com o mesmo tipo de vibração que possui. O confuso chama a confusa, o preguiçoso atrai a preguiçosa, o interesseiro é um ímã para a interesseira, o irritado vai ser interessante para a irritada. É isso mesmo! Portanto, quem está sempre trocando de pessoa, porque não acerta com ninguém, só vai dar certo na hora em que trocar a si mesmo, isto é, mudar sua maneira de ser.

No meu grupo de amigos, a vibração devia ser muito igual, pois nós estávamos sempre juntos. Acho que só precisávamos mudar alguns tipos de vibração nossa para poder ter namoros com mais harmonia.

Quando alguém começa a entender mais sobre as energias, como eu fiz em vidas sucessivas, torna-se um espírito sensível. Um espírito assim percebe coisas que a maioria dos espíritos deixa passar. Quando ele está sensível, tem a possibilidade de ajudar aos outros. É por isso que todos sentiam vontade de me contar seus problemas, pedir idéias, ouvir meus conselhos. Os espíritos sensíveis sabem mudar a vibração das pessoas de negativa para boa. Eles afastam a inveja, harmonizam os ambientes. São espíritos capazes de irradiar luz.

Não estou dizendo isso para me valorizar, mas porque posso, ainda que desencarnado, ajudar vocês. Se precisarem, chamem pelo meu nome, que virei acudi-los. Posso mostrar-lhes a armadura de Deus que está à mão de cada homem. Posso também trazer-lhes as informações de onde encontrar a alegria e a paz.

Mas ainda que eu faça muito, nada pode ser tão importante quanto o que vocês podem fazer por si mesmos. Estudem e aperfeiçoem suas almas. Quando acharem que são muito sábios, recolham-se à sua humildade e lembrem-se de que qualquer conhecimento só tem valor quando usado pelo coração.

Fui informado que tive minha última encarnação. O sofrimento passado durante a minha longa doença limpou os últimos resíduos dos erros anteriores. Ainda assim, acredito que voltarei a encarnar, pois existem alguns espíritos que preciso ver bem para ter paz; eles já estão quase no fim da sua evolução espiritual. Um deles é meu pai; outro é a minha companheira espiritual, a irmã do Túlio, que foi minha namorada alguns meses e que não pude ter comigo na existência passada. Eles são como eu era: espíritos quase perfeitos que, com um pouco de ajuda darão o passo final para a concretização de sua evolução.

Amigos, não chorem a minha perda, pois vocês não me perderam: ganharam um apoio para o resto de suas existências. Ainda desejo vê-los realizados na vida que possuem. Tudo o que eu puder fazer para que tenham facilidades, eu farei. Não invejo o que estão para conseguir, mas vibro de alegria, com sinceridade. As ambições de nossa juventude são todas válidas, pois nunca incluímos nelas o egoísmo. O sucesso será a característica do nosso grupo. Assim como fui bem-sucedido, aceitando de boa vontade meu destino, vocês cumprirão o seu no mundo material.

Que as ilusões, as grandes inimigas do homem que quer crescer como espírito, nunca os subjuguem. Mantenham suas mentes livres das conquistas fáceis que a ilusão traz. Um espírito elevado quer voar como uma flecha; não deixa que nenhum peso o prenda à matéria.

As conquistas mais simples são as mais difíceis; não desistam delas. Vençam a mesquinhez dos pequenos com a luz de uma alma grande, que nada deixa por fazer durante a sua encarnação. Trabalhem por vocês como fiz por mim no meu leito, alquebrado e doente em aparência, mas um vitorioso no final.

Quem vive para o passado tem nas memórias seu grande e precioso tesouro. Mas o vencedor é aquele que vive para o futuro, que faz da consciência a sua arma. É com ela que ele penetra na luz e alia-se a Deus.

Ao desejar o bem, recebe-se como herança a força acumulada pelos muitos espíritos de luz que sempre lutaram pelo que é certo; eles são os guerreiros do bem, os combatentes da luz. Muitos ficarão em dúvida, perguntando por que buscar a luz, se sentir o seu poder deveria ser o suficiente para a nossa felicidade. Os espíritos que lutam pelo que é certo, que buscam a luz, estão predestinados a ela. Se não se dedicassem à busca, assim tão determinados, estariam tendo uma vida vazia.

Quando um homem busca a iluminação da mente, ele trabalha pela humanidade toda, pois sua melhoria trará obrigatoriamente uma revisão no seu relacionamento com os outros seres humanos, que passará a influenciar positivamente. Ajam sempre com a lembrança destas palavras que lhes deixo.

Fui e não os deixei. Estou aqui, mas minha alma agora voa.

PARTE IV

Por Quem Se Foi

Esta é a parte mais importante do livro. Ela foi escrita para que se possa entender e fazer algo pela alma que partiu. As orientações aqui encontradas são a maneira certa de levar apoio, consolo e tranqüilidade para o espírito desencarnado.

Algumas das sugestões podem ser seguidas logo após o desencarne, pois ajudarão desde os primeiros momentos. Outras devem respeitar o prazo de 49 dias para começar, caso seja necessário ajudar. Em todas está indicada qual a melhor hora para ser introduzida a prática.

Cada espírito desencarnado tem uma necessidade específica, mas tivemos que generalizar, colocando no trabalho aquilo que pode ser usado de modo mais abrangente. Ainda assim, use o seu discernimento para selecionar, entre as várias sugestões, o que parece mais de acordo com as necessidades do espírito que pretende amparar.

Não são todos os espíritos que apresentam intranqüilidade diante da morte. Alguns têm conhecimento e passam pela transição em paz. Antes de fazer algo pelo espírito, é necessário estar bem certo de que ele realmente está precisando; caso contrário, em vez de ajudar, estaremos interferindo ou retardando suas ações no mundo espiritual.

Uma oração pela alma nunca é demais; sempre pode ser feita, pois só irá amparar e aumentar a sua força. As instruções a seguir, porém, e outras práticas sugeridas não são adequadas a todos os momentos, para qualquer caso.

Orar pelo espírito

Esta atividade pode ser iniciada a qualquer momento depois do desencarne. Ela dá muita força ao espírito que está confuso depois da morte física, reforça as boas qualidades da sua natureza e afasta os espíritos negativos que podem vir perturbá-lo. A escolha da oração deve ser baseada na intuição ou no conhecimento que se tem do desencarnado e de suas necessidades.

Sugerimos aqui algumas orações que podem ser interessantes, pois estão ligadas às principais dificuldades do espírito ao desencarnar. Há outras orações, porém, que podem ser igualmente favoráveis. Portanto, não se deve limitar a escolha da prece, pois qualquer palavra irá aumentar as defesas do espírito que partiu. Nunca se esqueça das preces da religião do desencarnado, pois elas são, provavelmente, as que ele estava acostumado a usar. Mesmo as preces mais comuns, a mais simples, podem ajudar o espírito. Orar por ele constantemente, nos primeiros sete dias após a morte, será a melhor forma de ampará-lo.

ORAÇÃO PARA DIMINUIR A SAUDADE E A LIGAÇÃO COM OS QUE FICARAM

Senhor, oro neste momento em intenção de .... (diga o nome do desencarnado), recém-desencarnado(a). Seu espírito está necessitando de paz para entender essa transição. Com a vossa ajuda, ele(a) terá mais facilidade para afastar-se de nós. Sofremos com a sua partida, mas a aceitamos conformados, pois sabemos que é apenas temporário o nosso distanciamento. Do mesmo modo como continuamos a nossa vida, desejamos ter a certeza de que ele(a) assim também o faz. Com a vossa intercessão, seu novo caminho poderá ser mais suave. Afastai desse(a) vosso(a) filho(a) a saudade e eliminai do seu espírito o apego ao passado.

ORAÇÃO PARA QUE O(A) DESENCARNADO(A) POSSA PERDOAR

Deus dos aflitos, teu amparo vem para aqueles que em ti confiam. Certa é a tua ajuda, como certo é o teu poder. Ajuda teu(tua) filho(a).......... (diga o nome do desencarnado) a perdoar de coração todos os seus inimigos, desejando que eles também o(a) perdoem das ofensas que lhes tenha feito. Que aqueles que esperam a sua desgraça sejam confundidos e esqueçam de seus objetivos de perseguição. Muda nos corações o ódio em amor. Que o teu reino de luz se instale na Terra e além!

ORAÇÃO PARA QUE O(A) DESENCARNADO(A) ACEITE AJUDA ESPIRITUAL

Deus Pai, há um(a) filho(a) vosso(a) que está na escuridão, perturbado(a) por nada compreender. Enviai-lhe, por caridade, a vossa luz divina; abri os caminhos para que ele(a) aceite ajuda e, sem revolta, seja abençoado.

Seres de luz, que estão encarregados de amparar ....(diga o nome do desencarnado), não desistais de vossa tarefa! Ele(a) está ainda pouco aberto(a) à vossa influência, mas em breve vos reconhecerá como salvação. Reuni vossas energias, abri o coração de vosso(a) irmão para o bem, levando para ele a paz.

................(diga o nome do desencarnado), estás desorientado(a), mas tens que ouvir minha prece! Os seres que podem ajudar-te estão ao teu lado. Estende-lhes a tua mão. Eles a tomarão e conduzir-te-ão para a paz, com a ajuda de Deus. Abre o teu coração, recebe a força que todos te desejam dar. É por amor que assim te amparamos. Aceita o nosso amor, abre-te a ele.

ORAÇÃO PARA QUE O DESENCARNADO RECEBA LUZ

A luz se opõe às trevas como o bem faz contraponto ao mal. Que nesta hora.........(diga o nome do desencarnado) possa receber de Deus toda a luz de que necessita. Que os raios da faixa certa de luz o invadam, cada um por sua vez, para que tenha bem-estar, paz e harmonia neste instante de transição.

A luz amarelo-dourada o cerca agora (fazer uma pausa, enquanto mentaliza um raio amarelo-dourado partindo de sua testa para a frente).

A luz rosa o cerca agora (fazer uma pausa, enquanto mentaliza um raio rosa partindo de seu coração para a frente).

A luz branca o cerca agora (fazer uma pausa, enquanto

mentaliza um raio branco partindo das palmas de suas mãos para cima).

A luz violeta o cerca agora (fazer uma pausa, enquanto mentaliza raios violeta partindo do alto de sua cabeça para cima).

Obrigado(a), Deus, por permitirdes que eu seja o veículo de vossa energia infinita.

ORAÇÃO PELO PAI E PELA MÃE

(extraída das Horas Marianas de 1885)

Ó Deus, que nos mandastes honrar pai e mãe, compadecei-vos benignamente das almas daqueles de quem sou filho, perdoando-lhes os seus pecados, e fazei que eu chegue a vê-los entre os júbilos da eterna claridade. Por Nosso Senhor Jesus Cristo, que convosco vive e reina pelos séculos dos séculos. Amém.

ORAÇÃO NO DIA DO ANIVERSÁRIO DE FALECIMENTO

(extraída das Horas Marianas de 1885)

Ó Deus e Senhor, que concedeis o perdão e a indulgência, dai às almas dos vossos servos (de quem hoje recordamos o dia de sua deposição), o lugar do refrigério, a felicidade da paz e a claridade da luz. Por Nosso Senhor Jesus Cristo vosso filho, que convosco reina, pelos séculos dos séculos. Amém.

ORAÇÃO PELO JULGAMENTO E PERDÃO

(extraída das Horas Marianas de 1885)

No triste dia em que o mundo
Deve ser abrasado,

Por Davi profetizado
Com um juízo profundo:
Ah, quanto temor, então
Causará a toda gente,
Ver ali um Deus presente,
Julgando a mais leve ação!
Nas profundas sepulturas
Soando um eco fatal,
Ao divino tribunal
Chamará as criaturas.
Da morte com susto interno
Quem ressurgir tem de ver,
Que lá vai a responder
Ao grande juiz eterno.
Aberto o livro selado,
Em que tudo está escrito,
Onde o mais leve delito
Do mundo há de ser julgado.
Sobre o seu trono de glória
Estará o juiz presente,
Fazendo a todos patente
De seus crimes a memória.
Mas a quem meu peito impuro
Buscará em tanto aperto,
Quando apenas por acerto
O justo estará seguro?
Ó tremenda Majestade,
Que quando nos homens salvais,
Tudo de graça lhes dais,
Salvai-me pois por piedade.

Lembrai-vos, Jesus amado,
Que ao mundo por mim viestes:
Não fique quando me destes
Naquele dia frustrado.
Por me buscardes, Senhor,
Descansastes fatigado,
Por mim na cruz encravado:
Não se perca tanto amor.
Vós que punis os pecados,
Com fogo eterno aos precitos,
Perdoai os meus delitos,
Antes que sejam julgados.
Dos meus crimes compungido
Coberto de pejo o semblante,
Perdoai, ó Deus amante,
A quem vos busca rendido.
Vós, que à triste pecadora
Seus pecados perdoastes;
Vós que a Dimas escutastes
Também me animai agora,
E se por minha maldade
Nada pode o meu clamor,
Livrai por vosso amor
Do fogo da eternidade.
Entre os vossos escolhidos
Minha alma depositai,
Para sempre me apartai
Dos que foram excluídos.
Destes, que já condenados,
E sem remédio, livrai-me,

Ao vosso reino chamai-me
Entre os bem-aventurados.
Humilde pois desta sorte
Ante a vossa Majestade
Vós, Senhor, piedade
No transe da minha morte.
E no dia lastimoso,
Em que toda criatura,
Desde a fria sepultura
Deve ser ali chamada.
Para ser por vós julgada,
Vós, Jesus, meu doce bem,
Dai aos vossos fiéis,
O descanso eterno.
Amém.

SALMO 37

Senhor, não me repreendais no meio de vossa ira, nem me castigueis enquanto dura a vossa cólera.

Ferido e trespassado dos golpes de vossa justiça, sinto sobre mim o peso de vosso braço vingador.

Vendo vosso rosto irado, caí num extremo desfalecimento: à vista de meus pecados, tem minha alma em contínua angústia e turvação.

Por cima de minha cabeça sobrepujam minhas iniqüidades, debaixo de cujo enorme peso estou a ponto de desfalecer.

Como fui tão tolo que não curei prontamente as feridas do pecado, elas apodreceram e corromperam-se.

Vejo-me oprimido com o peso dos meus males; a miséria e a aflição não me deixam, e todo o dia anda meu rosto coberto de tristeza.

Irritada a concupiscência com minhas primeiras desordens, dava-me obstinados combates, e não sentia em minha carne senão fraqueza.

Enfim, aflito e humilhado por extremo, rompi em gemidos e soluços à maneira de rugidos.

Vós, Senhor, que conheceis os mais ocultos movimentos do meu coração, os escutastes, e sois testemunha de minhas lágrimas.

Vistes a que extremo chegaram as amarguras do meu coração; vistes desfalecidas as minhas forças, e meus olhos, obscurecidos.

Permitistes que meus amigos se declarassem por contrários, e até meu próprio sangue se sublevasse contra mim.

Os que deviam estar mais juntos e unidos comigo me abandonaram à violência dos que se conjuravam para perder-me.

Meus inimigos empregavam noite e dia em inventar novos ardis; lançavam-me em rosto novos delitos, escarnecendo de minhas misérias.

Porém eu, como se fora surdo e mudo, os ouvia, nem minha boca se abriu. Fiz-me como um homem que nada ouve, nem tem palavras com que replicar.

Porque em vós, Senhor, tenho posta a minha esperança; vós ouvireis meus rogos, Deus meu.

Vendo meus inimigos vacilante a minha fortuna, falavam de mim com insolência; por isso vos disse que podieis castigar-me, porém, sem deixar-lhes a complacência cruel de celebrar com baldões a minha ruína.

Castigai-me, Senhor, como melhor vos pareça; meu pecado, que sempre tenho presente, é a causa principal da minha dor, e assim para tudo estou pronto e resignado.

Considerarei que não há rigor excessivo para um pecador como eu, e farei uma profunda confissão da minha maldade.

Entretanto, atrevo-me a fazer-vos presente que meus inimigos ainda subsistem, têm-se feito mais fortes que eu; e multiplicam-se os que me aborrecem injustamente.

Com repetidas calúnias me pagam os benefícios, e meu amor à justiça é todo o meu delito para com eles.

Deus e Senhor meu, não me desampareis, não vos aparteis de mim.

Apressai-vos, Senhor, em me socorrer, vós que sois o Deus de quem devo esperar a minha salvação.

ORAÇÃO PELOS AGONIZANTES

(extraída do Manual do cristão — Goffiné — edição de 1951)

Parte, ó alma cristã, deste mundo, em nome do Padre Eterno, Deus Onipotente, que te criou; em nome de Jesus Cristo, Filho de Deus Vivo, que por ti morreu; em nome do Espírito Santo, que espalhou sobre ti as suas graças; em nome dos Anjos, e Arcanjos; em nome dos Tronos e Dominações; em nome dos Principados e Potestades; em nome dos Querubins e Serafins; em nome dos Patriarcas e Profetas; em nome dos Santos Apóstolos e Evangelistas; em nome dos Santos Mártires e Confessores; em nome dos santos Religiosos e solitários; em nome das Santas virgens, e de todos os Santos e Santas de Deus; e tua morada ao sair deste mundo seja estabelecida em o lugar de paz e sobre a santa Sião.

ORAÇÃO NO MOMENTO DO DESENCARNE

(extraída do Manual do cristão — Goffiné — edição de 1951)

Eu te recomendo, ó meu amado irmão, ao Deus Todo-Poderoso, e te entrego ao teu Criador, para que, depois de teres pago com a morte a dívida geral da natureza humana, voltes ao teu Autor, que te formou do limo da terra. Portanto, o brilhante esquadrão dos Anjos saia ao encontro da tua alma, quando se separar do corpo; o senado dos Apóstolos julgador venha te buscar; o triunfante exército dos Mártires vá ao teu encontro; a ilustre multidão dos Confessores te cerque; o coro inocente das Virgens te receba com alegres cânticos; e os Patriarcas no seu seio te abracem para aí gozares de um bem-aventurado descanso; Jesus Cristo te apareça com semblante cheio de doçura e de alegria, e para sempre te ponha entre os que o assistem. Tu totalmente ignores o horror das trevas, o ardor das chamas, o rigor dos tormentos do inferno. O cruel satanás com os seus sequazes, na tua chegada, vendo-te acompanhado dos Anjos, te deixe e, tremendo, fuja para a medonha confusão da noite eterna. Deus apareça, seus inimigos sejam destruídos, e fujam da sua presença os que o aborrecem. Assim como o fumo é levado pelo vento, a cera corre fugindo do pé do fogo, assim os maus desapareçam diante do Senhor. Os justos, porém, se regalem e transbordem de alegria na sua divina presença. Todas as legiões se encham de raiva e de vergonha, e os ministros de satanás não se atrevam a impedir a tua passagem para o reino celestial. Jesus Cristo, que foi por ti crucificado, te livre de toda qualidade de tormentos. Jesus Cristo, que se dignou a morrer por ti, te livre da morte eterna. Jesus Cristo, Filho de Deus vivo, te coloque entre as eternas delícias do seu Paraíso, e esse verdadeiro Pastor te reconheça por uma das suas ovelhas. Ele te absolva de todos os teus delitos, e te ponha à sua mão direita no lugar dos seus escolhidos, a fim de que tu, desta sorte elevado, vejas a face do teu Redentor sempre presente, admirando a infinita e claríssima verdade; e gozes entre os esquadrões dos Bem-aventurados as doçuras da divina consolação, por todos os séculos. Amém.

Para ensinar o espírito

Já vimos que muitos espíritos, ao desencarnar, não percebem o que lhes aconteceu ou revoltam-se com sua situação, ficando assim incapacitados de receber ajuda de outros espíritos. Alguns sentem dificuldade em deixar para trás o seu passado material. Há várias outras situações aflitivas para o espírito que desencarnou, quando ele não tem conhecimentos sobre os temas espiritualistas.

Os espíritos desorientados podem receber ajuda daqueles que o amavam, por meio de instruções passadas depois de seu desencarne. Não é difícil fazer isso. Basta isolar-se num lugar tranqüilo e falar com o espírito, chamando-o pelo nome. A seguir, faça a leitura de um texto instrutivo.

Selecionamos alguns temas esclarecedores e redigimos cinco textos básicos de instrução espiritual, que podem ser lidos separadamente, para dar ao desencarnado as instruções que lhe faltam. Esses textos podem ser lidos a partir do 49º dia após o desencarne, mas também podem ser lidos logo após seu falecimento caso o espírito se mostre perturbado.

As perturbações dos espíritos inconformados com sua morte física não precisam ser negativas. Porém, elas incomodam a vida dos que ficaram e atrasam a evolução desses espíritos. Por isso é importante oferecer a eles ensinamentos, como vamos fazer.

A primeira parte do livro contém todas as informações básicas; portanto, se não quiser ler os textos abaixo, fale sobre os temas desenvolvidos naquela parte, com suas próprias palavras ou lendo trechos do livro. Insista principalmente nos temas que parecem ser mais necessários ao desencarnado, como coisas que ele não aceitava ou não quis aprender quando encarnado.

Outros ensinamentos, de muito valor, são encontrados nos Evangelhos. Eles são uma boa alternativa para a instrução espiritual. Siga um roteiro de leitura diária dos Evangelhos e verá que em pouco tempo as manifestações de angústia do espírito cessarão.

TEXTO PARA INSTRUÇÃO ESPIRITUAL 1
(para ser lido em voz alta ou gravado)

A vida da matéria tem fim, mas a vida do espírito não termina. Quando alguém morre, apenas seu corpo material é que desaparece. Quando acontece o desencarne, alguns espíritos ficam desorientados como você está agora, porque não sabem dessa verdade, ou talvez porque nunca quiseram aceitá-la como uma realidade.

Cada espírito tem suas necessidades e um estágio bem próprio de crescimento. As várias vidas de um espírito servem para que ele aprenda e melhore cada vez mais. Durante uma vida, o espírito pode aprender muito, se estiver determinado a fazê-lo. Além de aprender, ele tem a oportunidade de realizar outras tarefas igualmente importantes, como resgates kármicos e missões espirituais.

A morte do corpo só acontece quando o espírito terminou aquilo que tinha que fazer ou quando ele desperdiçou a oportunidade que a vida representava. Ela é algo que vem, portanto, na hora certa. O espírito que desencarna não deixa nada para trás. Ele tem é que olhar para a frente, fazendo pelo seu futuro. Se ele fez tudo o que deveria ter feito, vai receber uma nova vida, adiante, para prosseguir no seu crescimento. Se perdeu a vida e não aprendeu nada, receberá instruções no mundo espiritual e terá nova chance, mais tarde, de repetir, fazendo aquilo que deveria ter feito na vez anterior.

Desse modo, o que interessa agora é o que lhe está acontecendo; o passado é importante apenas pelas lições que poderá extrair dele.

Como vê, para prosseguir naturalmente, é necessário que você comece a se desligar de sua vida material mais recente, principalmente das pessoas com quem tinha vínculos fortes, tanto de amor como de ódio.

A vida que acabou de terminar não é, provavelmente, a sua primeira, nem será a última. Várias vidas, com vários corpos, formarão sua bagagem de conhecimentos, até que você se torne um espírito perfeito, que é aquele que não erra mais. Por isso, não perca tempo, vá atrás da sua próxima etapa.

Sei que não é fácil sair de perto das pessoas que amou, afastar-se daqueles que foram importantes, mas existem outros espíritos conhecidos seus que já desencarnaram também e eles estão à sua espera. Cada vez que um espírito desencarna, outros espíritos se aproximam para ajudá-lo nos primeiros momentos. Entre eles sempre estão espíritos que já o conheceram na vida passada. Basta aceitar sua presença ou chamá-los para que eles se aproximem.

Infelizmente, os inimigos também podem vir recebê-lo, caso você tenha ódio no seu coração. Se estiver sendo incomodado por algum espírito assim, peça-lhe perdão com insistência e ele o deixará em paz. Não sintonize com a escuridão, não se revolte, busque a luz para receber amparo neste momento.

O reencontro dos espíritos é uma realidade; posso dizer quase com certeza que nós vamos nos reencontrar em breve, mas haverá sempre separações, porque a sucessão de reencarnações afasta e aproxima os espíritos constantemente. Aproveite para aprender, nesse seu apego por uma vida que já terminou, que nada é permanente.

Após o desencarne o espírito começa a retomar suas lembranças, isto é, ele vai restabelecer a memória de todas as suas experiências passadas. Você vai começar a lembrar de tudo que já sabe e terá a consciência plena de quem é de verdade, quais são seus objetivos e quais deficiências ainda tem que superar. Isso já pode estar acontecendo; quanto mais depressa você aceitar sua condição de espírito sem corpo, mais depressa retornarão suas lembranças.

Quero ajudá-lo nas suas dúvidas, por isso ainda vou ler para você alguns outros textos durante este período. Se quiser saber sobre outras verdades do mundo dos espíritos, que é o seu mundo agora, vá à casa espírita que fica no endereço:.........(cite o endereço de uma casa espírita onde são realizados palestras públicas e trabalhos de doutrinamento) no dia........(diga qual o dia da semana), às......... horas (diga o horário).

Enquanto se adapta, não dê lugar no seu íntimo para os pensamentos de ódio, impaciência, revolta, nem dê abrigo a qualquer sentimento de vingança. Só pense em amor e paz, que são um alimento para você nesta fase. Quando enxergar uma luz, vá na sua direção. Aceite a ajuda dos que estão mais perto de você do que eu; eles podem dar-lhe mais apoio.

TEXTO PARA INSTRUÇÃO ESPIRITUAL 2
(para ser lido em voz alta ou gravado)

Acredite em tudo que vou lhe dizer e compreenda que, se você está sofrendo neste momento, para mim também não está sendo fácil esta separação. Eu sei que ela é temporária, que tem uma função de limpeza e aprendizado, mas há horas em que eu questiono, provavelmente tanto quanto você, qual o valor dessa dor.

Nós não podemos controlar aquilo que é uma seqüência natural, nem aquilo que nos está destinado por Deus. Revoltar-se contra isso é inútil e é duvidar da grande sabedoria divina. Mas mesmo quando não se pode mudar o que acontece é possível controlar a maneira como isso nos afeta.

Se neste momento não soubermos fazer das dúvidas, da dor e da incerteza formas de crescimento, nunca vamos sair de um padrão de comportamento repetitivo. A crise deste instante é para transformar a nossa realidade; temos que extrair dela alguma lição vantajosa. Vamos tentar fazer isso juntos, cada um com as condições que lhe são impostas. Essas situações podem ser limitadoras, mas não devem nunca ser entendidas como barreiras que não se pode superar.

A saudade excessiva vai criar entre nós mais karma, atando-nos um ao outro indefinidamente. Temos que nos livrar desse sentimento; ele é causa de sofrimento no presente e dá origem a muita dor futura. Vamos nos lembrar das boas horas, imaginar os encontros futuros. Mas acima dessas pequenas realizações, que serão como um afago para a alma sofrida, temos que colocar nossas necessidades espirituais verdadeiras que agora parecem não existir, pois as mantemos escondidas com o véu da nossa dor.

Muita saudade significa ligação forte com a matéria, e isso não ajuda em nada o nosso espírito. Vamos substituir esse sentimento por amor, e já que não temos como expressá-lo um ao outro, passemos a fazer por quem está ao nosso alcance. Eu vou partilhar mais o amor que tenho com aqueles que estão perto de mim ou com quem, porventura, venha a entrar na minha vida, isolado ou amargurado. Da sua parte, acho que, se fizer o mesmo, abrindo-se à influência dos espíritos de luz que o cercam, sentirá alívio e terá felicidades crescentes, recebendo deles o amor fraternal com que eles desejam ampará-lo.

Vamos orar, mostrando gratidão pelo que já vivemos:

OBRIGADO, DEUS, POR ESTE INSTANTE DE COMUNHÃO.
OBRIGADO PELA MINHA ALMA IMORTAL.
OBRIGADO PELA PARTILHA,
PELO ENCONTRO E PELA SEPARAÇÃO.
OBRIGADO PELO TEMPO QUE ESTIVEMOS JUNTOS.

Eu sinto muitas vezes tanta desorientação quanto você, mas, cada vez que isso acontece, invoco Jesus e sua Santíssima Mãe. Eles me conduzem à paz que perdi momentaneamente. Quando estamos sós temos pouca força, mas com o amparo da luz, voltamos à força original com que nos dotou o Pai Celeste.

Ainda precisamos entender que, se está havendo dificuldade para aceitar as novas condições, convém pensar sobre os laços que criamos no passado, liberando a força deles. A maneira mais fácil de desatar os nós desses elos passados é pelo perdão; é ele que nos liberta definitivamente.

Mesmo quem muito amou pode ter o que perdoar, e nem todos os laços são provenientes de ódio ou rancor intenso. Eles podem ser criados por uma convivência pacífica, em que alguém se sacrificou demais, sem receber amor em troca.

Eu, de coração, já perdoei você completamente, assim como lhe peço que faça o mesmo agora. Se ainda não puder fazê-lo, por favor, pense no que lhe digo e crie no seu coração uma aceitação dessa verdade: as dívidas devem ser pagas com o perdão mútuo. E devemos fazer isso já, para não aumentar o nosso sofrimento.

Ore novamente comigo. Essa prece irá criar na sua alma uma abertura para aceitar a verdade que lhe digo. Repita-a tantas vezes quantas for preciso, até fazer brotar do seu interior o amor necessário para conceder o perdão verdadeiro, que é incondicional.

O PERDÃO LIBERTA E ME COLOCA DIANTE DE DEUS,
COM A ALMA EXPOSTA E LIMPA.
QUANDO PERDÔO, FORTALEÇO MEUS CAMINHOS
E TORNO-ME DISCÍPULO DE JESUS.
SÓ OS GRANDES ESPÍRITOS SÃO CAPAZES DE PERDOAR.
QUANDO UMA ALMA PERDOA, CRESCE.
EU PERDÔO:..............................
(diga o nome de todos que precisa perdoar)
AGORA QUE PERDOEI,
SINTO RENASCER EM MIM A FORÇA PERDIDA.
ESTOU INTEGRADO EM DEUS E EM SUAS VONTADES,
TENHO LUZ E PROPÓSITOS FIRMES.
E, POR ISSO, SOU MERECEDOR DE RECEBER
O PERDÃO DE MEUS INIMIGOS E DO PAI CELESTE.
PERDOEI,
AGORA SOU PERDOADO.

TEXTO PARA INSTRUÇÃO ESPIRITUAL 3
(para ser lido em voz alta ou gravado)

Eu gostaria de falar-lhe neste momento sobre a luz que tenho dito ser o caminho certo para você. A luz é o oposto da escuridão. Quem está desorientado, numa viagem, perdido na estrada, pede que a luz venha como forma de achar o seu rumo. Numa caminhada como a nossa, a luz que buscamos é aquela proveniente de Deus; ela tem valor por ser justamente originária do Grande Pai.

A luz é formada por vários raios de cores diversas. Quando quiser ajuda, basta pedir com o coração que uma luz lhe seja enviada. Faça isso com intensa vontade de receber apoio divino, com seu espírito pronto para se renovar e logo verá a luz chegando.

Cada espírito está mais ligado a um dos raios dessa luz que é de todos. Esse raio especial é o principal doador para a alma. É ele que determina as características espirituais, que diferem tanto de um para outro. As pessoas que sobreviveram a crises em que quase morreram, relatam ter visto por um momento uma grande luz para a qual se dirigiam em paz.

Ao desencarnar, todo espírito deveria ser naturalmente atraído por essa luz, mas alguns, por questões diversas (todas baseadas numa grande ligação com a matéria), vacilam, apegam-se ao passado e perdem o contato com a fonte de luz, que é muito sutil.

Quando você, aí onde está, recebe a boa energia que lhe enviam aqueles que oram pelo seu bem-estar, sente-se melhor e é capaz de alguma reação positiva. A reação positiva é sempre no sentido de buscar aquele que seria o seu caminho mais certo agora: ir para o mundo dos espíritos. Sei que você ainda não tem conseguido tomar essa decisão, mas em breve terá que fazê-lo, pois quanto mais retardar seu encontro com os espíritos iluminados, pior vai se sentir.

É possível enviar-lhe luzes. Saiba que em breve estarei fazendo isso para dar-lhe força. Mas nada que eu possa fazer para ajudá-lo será permanente; por isso, não pense em acomodar-se à situação presente, permanecendo ligado a mim. Meu único objetivo é ajudá-lo a ir para o seu mundo de agora.

Qualquer coisa que se faça para apoiar um espírito só dá resultado se ele tem a postura certa para recebê-la. Caso você se torne dependente da ajuda, ela não cumprirá sua verdadeira função e será retirada, deixando-o em pior estado do que antes, com mais angústias e dores. Entenda que é por pouco tempo que poderei ajudá-lo. Receba essa ajuda como algo temporário e se esforce para receber dela aquilo que é realmente importante: força para se afastar do mundo dos encarnados, pois seu lugar no mundo dos espíritos está vago.

Daqui para a frente aceite as orações, os bons pensamentos, os ensinamentos e as luzes que eu e os outros que o amam lhe enviamos como uma força que, acumulada, irá facilitar o seu próximo passo. Sua ida definitiva para a grande luz divina representa um avanço, pois é ao lado dos espíritos que há muito a fazer agora.

Quando estiver pronto, a transposição será rápida e sem traumas. O alívio que experimentará será imediato. As dores reflexas, que provavelmente sente, passarão. As angústias serão eliminadas de imediato, sendo substituídas por um enorme sentimento de paz. As lembranças de todas as suas vidas retornarão gradativamente, trazendo para você uma identidade que é a sua verdadeira. Quando se lembra apenas de quem foi na vida imediatamente passada, você não sabe quase nada de seu espírito imortal. Quando aceitar sua ida para a luz, passará a ter defesas que agora não tem, pois os espíritos iluminados afastarão os espíritos assediadores que com freqüência o atormentam.

Se ainda não consegui convencê-lo dos benefícios que terá, experimente daqui a pouco, quando tiver que ficar só, pedir ajuda aos bons espíritos, dizendo que está pronto para aceitar sua presença. Se tem alguma pergunta, peça que venha um espírito iluminado para respondê-la. Ao abrir seu coração, será contatado com rapidez. Os espíritos encarregados de apoiá-lo estão sempre por perto, esperando seu apelo, aguardando sua aceitação para, então, se manifestarem.

A partir do momento em que aceitar ajuda você estará mais protegido, podendo retomar sua antiga força. Ao ver que sua força está voltando, suas idéias tornar-se-ão mais claras e o progresso o levará finalmente à harmonia de que tanto necessita.

Fique em paz.

TEXTO PARA INSTRUÇÃO ESPIRITUAL 4

(para ser lido em voz alta ou gravado)

Quando um espírito não quer aceitar sua nova condição de desencarnado, ele está doente. E se ficou assim é porque maltratou sua alma quando tinha um corpo material. As doenças espirituais não são como as que o corpo físico apresenta. Elas decorrem de atitudes, de pensamentos e de palavras negativas, que estão contra a verdadeira natureza espiritual.

Existem venenos que o homem durante a vida joga sobre seu espírito, na maioria das vezes sem saber que está fazendo isso. Orgulho, inveja, preguiça, raiva, avareza e luxúria são os piores desses venenos. Quem pode, de frente para si mesmo, dizer que nunca teve nenhum desses comportamentos? Acho que muito pouca gente poderia. E mesmo os que agora estão livres desses erros, estão assim porque no passado seus espíritos lutaram para dominá-los.

Sempre que um espírito desencarnado tem dificuldade para sair de seu estado material é sinal também de que ele não adquiriu domínio sobre suas qualidades espirituais.

O grande trabalho realizado na evolução de um espírito é limpar aquilo que o envenenou e adquirir novas posturas, que permitirão sua ligação com Deus. Existem obstáculos para que isso aconteça. Os maiores entraves estão dentro do próprio espírito, e são esses os mais difíceis de superar.

Além disso, o espírito apegado à matéria está limitado pelos sentidos que tinha seu corpo físico: a audição, o tato, a visão, o olfato e o paladar. É importante informá-lo que, como espírito, existem outras capacidades inexploradas que não estão sendo aproveitadas. Talvez você já tenha percebido que não tem uma matéria densa como a de seu corpo físico. Pode ser que já tenha percebido que é capaz de passar através de corpos, que antes representavam barreiras. Quem sabe já tenha notado que não tem sede nem fome como antes. Mas ainda que tenha reconhecido essas e outras capacidades, existem algumas que você só retomará quando estiver plenamente integrado ao mundo espiritual.

Em espírito, suas qualidades sensitivas são muito maiores. Ouve sem ouvidos, por exemplo. Os espíritos de luz comunicam-se através de ondas, de emissão direta, cuja freqüência não é perceptível ao ouvido humano. É algo semelhante a uma conversa mental. A voz torna-se desnecessária, mas pode ser usada como um instrumento, para produzir a arte, por exemplo.

O espírito tem outra espécie de visão. Ele pode "ver" com o sentimento, indo além daquilo que está aparente. Outra qualidade do espírito é ter clara noção do presente, ao mesmo tempo que está conectado ao passado e ao futuro.

No mundo dos espíritos, as doenças não são degenerativas, como acontece no mundo físico, e as dores são eliminadas com a mudança do comportamento. As doenças físicas não existem; as mazelas morais podem ser tratadas com mais facilidade, pois as pressões são menores, e há médicos espirituais que trazem apoio constante, instrutores que esclarecem as dúvidas, amigos com quem partilhar o progresso alcançado.

As dores que provavelmente estão se manifestando em você agora têm origem no esforço que tem feito para manter vivo o passado. Sua última existência, por lhe parecer perfeita, está impressa no seu espírito como um padrão a ser repetido. Isso é pura ilusão; outras existências virão, mais ou menos perfeitas que essa. Nenhuma delas representará para você uma perda, se as considerar como passagens.

Explore suas novas capacidades e aceite ajuda. Nada do que virá pode ser pior do que as incertezas que experimenta agora. Quanto mais adiar o contato com os espíritos de luz, mais indefeso dos ataques dos espíritos negativos você ficará.

Diga para si mesmo que aceita sua nova condição sem revolta, e a dor lhe será imediatamente suprimida. Creia que, na atual situação, em que está suspenso entre o mundo da matéria e o mundo dos espíritos, sem pertencer nem a um nem a outro, a evolução é impossível. Como é impossível retornar neste momento à matéria, vá em frente e prossiga com tranqüilidade.

Vou fazer algumas orações e pedir que Deus lhe dê toda a força de que se sente abandonado. Coragem. Falta pouco para retomar a sua verdadeira condição por inteiro.

TEXTO PARA INSTRUÇÃO ESPIRITUAL 5

(para ser lido em voz alta ou gravado)

Ao aceitar que pode ir para um lugar melhor, o espírito que desencarnou e está desorientado começa a receber apoio. Ele pode logo em seguida retomar seu projeto evolutivo, pois as recordações começam a voltar. Ele vai saber o que conseguiu realizar na sua última encarnação, vai lembrar quais as metas que tem para o futuro e toma consciência das qualidades que o passado já lhe conferiu.

Enquanto não consegue se resolver, sente muita solidão. Seus eventuais contatos com outros espíritos são com aqueles que estão nessa mesma condição de suspense, sem noção do que precisam. Alguns estão revoltados, e sua presença é pior do que o isolamento, pois trazem insatisfação e angústia, que mais afligem do que tranqüilizam. Sem falar nos inimigos espirituais que aproveitam sua fragilidade momentânea para atacar.

Para sair dessa situação indeterminada, e poder escapar da dor que o aflige, a primeira atitude é libertar o espírito dos vínculos passados.

Faça uma avaliação de quanto tem ocupado sua mente com lembranças, apegos, ilusões. Enquanto esses forem os seus pensamentos, aquilo que pode ser o seu caminho para o futuro nem se esboça.

É possível recordar sem dor se a lembrança não vier acompanhada da idéia de que você só terá alegria se a antiga situação se repetir. Manter a recordação como algo bonito, que é fonte de paz e de satisfação, é a única forma de não transformar suas lembranças num tormento.

E o apego? Como encarar a verdade de que a sua casa,

o seu carro, as suas roupas não têm mais como serem usufruídos? Esta é uma nova situação, que precisa ser compreendida. Tudo que era material ficou junto com o corpo físico que seu espírito abandonou. Ele deixou esses bens porque não tinham mais nenhuma utilidade.

A casa do mundo material abrigava um corpo frágil, o que já não acontece no presente. O carro servia como um meio de transporte, mas nenhuma falta lhe faz agora, uma vez que agora você pode ir e vir com mais facilidade e rapidez do que qualquer carro. As roupas eram para cobrir uma forma ou para embelezá-la. Como espírito você tem a forma que desejar. Pode apresentar-se como era antes, se isso lhe agradar, ou pode ter outras formas, pois sua natureza é fluídica.

O apego às pessoas amadas é um sentimento mais enraizado. Você terá que se acostumar com a idéia de que agora não pode ter essas pessoas por perto. Mas tranqüilize-se com a certeza de que o reencontro é uma realidade para o futuro.

Procure analisar esses conceitos, pois, libertando-se dos vínculos passados, você sentirá uma profunda paz. E logo que sentir essa paz, retomará sua liberdade, pois os apegos aprisionam. Estando liberto, poderá retomar sua evolução do ponto em que a interrompeu.

Outro assunto importante refere-se às novas ligações que estabelecerá como espírito. Esforce-se para fazer as ligações certas, afastando-se dos espíritos de pouca luz, por enquanto. Mais tarde, pode ser até que você venha a assumir uma tarefa de apoio a essas almas desorientadas. Quem sabe?

Para estabelecer as ligações favoráveis, exponha suas melhores qualidades, evitando ao máximo as atitudes negativas. Tenha sempre em mente que suas ligações com espíritos iluminados aconteçam numa outra faixa, em que a mente as dirige e o coração as provoca. A nenhum espírito é negada ajuda. Peça-a e poderá recebê-la já, pois é a única maneira de escapar do sofrimento.

Enviar luzes

Além das orações, as mentalizações com o envio de luzes para o desencarnado são uma atividade de apoio ao espírito que pode ser realizada logo após o desencarne. Já incluímos uma oração com essa finalidade, e daremos aqui mais algumas informações sobre os raios de luz que podem ser enviados com o objetivo de revitalizar a energia do espírito desencarnado. Se desejar praticar essa modalidade de reforço, você pode esperar sete dias para iniciá-la. Não interrompa, no entanto, a rotina das orações, muito importante para essa fase delicada do espírito.

A emissão de luzes para o espírito é feita por meio de um processo mental que cria a imagem de raios coloridos. Essas visualizações têm como foco emissor dos raios o próprio corpo de quem está visualizando. A pessoa que emite luz em nada é prejudicada, nem tem sua energia afetada, pois ela está apenas transmitindo aquilo que recebe de Deus.

É essencial estar num lugar quieto e isolado, para ter a necessária concentração. De olhos fechados, permaneça alguns momentos respirando calmamente, procurando atingir um ritmo respiratório bem mais lento do que o normal. Quando alcançar esse estado de harmonia, imagine que da sua testa flui uma luz amarelo-dourada. Essa luz é como um facho que parte em direção ao infinito, fluindo continuamente. Enquanto visualiza esse raio, mentalize que essa energia tem como objetivo alimentar o espírito de quem deseja ajudar, e levar-lhe as seguintes qualidades: DISCERNIMENTO, CLAREZA DE OBJETIVOS, INTELIGÊNCIA, FACILIDADE DE APRENDER, ADAPTABILIDADE.

Quando terminar com o raio amarelo-dourado, interrompa a visualização e respire mais um pouco antes de passar para o próximo raio. Ao sentir que está pronto, comece a emitir o raio rosa, fazendo-o fluir do seu coração para o infinito. Dirija mentalmente sua força para o espírito que deseja fortalecer e peça que ele manifeste depois dessa ajuda as seguintes qualidades: AMOR, COMPREENSÃO, ACEITAÇÃO, PARTILHA.

O próximo raio a ser trabalhado é o branco. Para emiti-lo, use a palma das mãos voltadas para cima. Mentalize o raio branco como uma luz difusa e envolvente, que deixa um pouco da sua luminosidade por onde passa. Envolva mentalmente o espírito nessa luz, enquanto seus raios vão desenvolvendo no espírito as seguintes qualidades: PAZ, HARMONIA, FRATERNIDADE, PERDÃO.

Para terminar, comece a visualização do raio violeta, que tem sua fonte no alto da cabeça, por onde jorra em abundância. Envie essas luzes com muita intensidade, pois elas são as mais adequadas para fazer com que o espírito finalmente se fortaleça e crie sua aliança com Deus, sendo capaz de negar qualquer forma de negatividade.

A oração que está junto com as preces deste capítulo pode ser feita durante essa visualização. Ela segue a mesma seqüência de raios que acabamos de apresentar, complementando o trabalho de enviar luzes ao espírito. Talvez seja interessante gravá-la, para não interromper o processo de visualização. Dessa maneira, ela se tornará um roteiro que facilitará a seqüência das visualizações.

Os raios coloridos também podem ser obtidos com luzes ou com recursos materiais, como cortinas ou papel celofane, capazes de filtrar a luz solar que entra pela janela. Essa variação pode ser interessante.

A hora da morte

Ao estudar as várias teorias sobre o que acontece ao espírito após o desencarne, verificamos que nenhuma delas estabelece uma seqüência rígida de acontecimentos. Claro, sabemos que cada espírito tem uma preparação diferente para passar por esse momento. O desencarne do espírito evoluído nunca será igual ao do menos preparado.

Entre os fatores que determinam essa diferença entre os desencarnes, está também a forma como o espírito desencarnou em suas vidas passadas. Esses desencarnes passados podem gerar mais ou menos tranqüilidade para a vivência presente. Quando o desencarne é muito inesperado, acidental, doloroso ou por suicídio, o espírito guarda as impressões das aflições que sentiu, manifestando nos desencarnes posteriores certa angústia.

É possível identificar, apenas com o uso do bom senso,

três etapas que se sucedem após o desencarne. São elas: o RETORNO, a LIMPEZA e a REINTEGRAÇÃO.

Vamos chamar de RETORNO a fase imediatamente seguinte ao desencarne, quando a alma toma consciência da realidade, isto é, quando ela toma ciência de sua nova condição, em que está liberta de um corpo físico. Essa fase de retorno ao mundo espiritual pode ser prolongada por vários fatores, e o espírito que nela se demora sente muitas dificuldades. Na fase de retorno, a principal mudança a ser efetuada pelo espírito ocorre no nível da consciência: ela sairá do plano físico para o plano espiritual puro.

O espírito que já tem algum conhecimento passará por essa mudança de estado plenamente consciente, isto é, lúcido, capaz de perceber o que lhe acontece, e livre para prosseguir sua integração com o mundo espiritual. Aqueles que não têm conhecimento, e talvez estejam contrariados, ou por encarar o desencarne com revolta ou por ter desencarnado por falta de zelo, precisam realizar nesta fase muitas purificações. Por isso, demoram a retomar seu lugar no mundo dos espíritos.

Após o retorno, caso não tenha conseguido identificar-se de imediato com sua nova condição, o espírito inicia o processo de eliminação dos apegos, passando à fase de LIMPEZA. É nessa fase que acontecem os encontros com os espíritos com quem tem ligações kármicas e com as entidades espirituais negativas a quem tenha afrontado. Essa fase, portanto, só existe para os espíritos que não se adaptam à nova realidade e teimam em manter ligação com a matéria. É nessa etapa que o espírito tem que vencer a força da ilusão. Os espíritos mais evoluídos não passam por essa fase, que assusta os menos preparados pois estes sentem a mudança, mas não podem entender o que vai mudar, por ainda estarem com conceitos puramente materiais.

Ao libertar-se dos apegos e ilusões, aceitando sua natureza basicamente perfeita, o espírito liga-se à luz e realiza a REINTEGRAÇÃO com o mundo espiritual, encontrando-se com outros espíritos, mais positivos. É nessa fase que o espírito reordena o uso da energia, passando a utilizar suas novas capacidades. Essa última etapa encerra o período pós-desencarne. Segundo várias fontes, esse período pode variar quando se trata de espíritos que têm que permanecer na fase de limpeza. No entanto, para o espírito que não tem muito que purificar, bastando adaptar-se à nova situação, o período de desencarne é de 49 dias.

Teríamos, então, o seguinte esquema básico para o período pós-morte:

ESPÍRITOS EVOLUÍDOS passam pelo retorno e pela reintegração num prazo de aproximadamente 49 dias.

ESPÍRITOS MENOS INSTRUÍDOS passam pelo retorno, pela limpeza e pela reintegração num prazo indeterminado.

Podemos concluir que os espíritos mais evoluídos necessitam apenas de apoio por parte dos encarnados durante sua curta adaptação (cerca de 49 dias). A ajuda mais efetiva para eles seriam as orações.

Os espíritos menos instruídos permanecem na fase de limpeza até que possam libertar-se de vários pesos. Para esses espíritos que precisam de mais apoio para poder reintegrar-se a instrução é muito eficaz, pois lhes dá fundamentos para entender o que estão passando.

Conversar com quem desencarnou

Uma atitude muito comum entre aqueles que perderam alguém amado é conversar com a pessoa querida como se ela estivesse a seu lado. É preciso analisar todos os aspectos desse procedimento, pois alguns deles podem se revelar bastante negativos. É possível conversar com o desencarnado, mas isso requer algum cuidado para que não gere problemas para ambas as partes.

Muitas pessoas se habituam a conversar com o desencarnado, logo após sua morte, como uma forma de amenizar a fase de angústia e manter viva a ligação com esse ente querido. O alívio assim obtido não é muito grande, mas existe quem faça uso desse artifício como amparo. Desde que não se ultrapasse o limite de 49 dias, e se consiga dessa forma amenizar um pouco a dor, não há porque desaconselharmos esse hábito. Mas é preciso que as conversas sejam no sentido de esclarecer, pedir perdão, livrar-se das dívidas. Não devemos trazer à tona assuntos que amarrem o espírito ao nosso lado.

O pai de uma amiga minha adquiriu o costume de conversar com sua esposa logo após a morte desta. Ele ficava muito isolado em sua casa e, desde que se levantava, seguia sua rotina acompanhado pelas conversas com a esposa. Ele chorava e manifestava em suas conversas o sentimento de tristeza e solidão que o invadia. Não eram conversas que deixassem o espírito livre, nem que resolvessem assuntos pendentes entre suas almas, que, nós sabemos, eram muitos. Com o tempo, ele passou a pedir à esposa que cuidasse da casa quando ele saía, fazia sobremesas especiais para ela comer e imaginava estar com ela quando ia às reuniões e festas da família. Essa sua atitude acabou por desequilibrá-lo emocionalmente, e ele passou a chamar sua filha pelo nome da mãe. Os mais jovens da casa começaram a ver o vulto da avó em algumas ocasiões, o que os angustiava, pois ela parecia triste.

Nesse caso, aconteceu que, na sua infelicidade, o pai de minha amiga reteve o espírito de sua esposa com seus insistentes apelos e conversas. O espírito dela, que não conseguia abandonar o esposo, por vê-lo mal, também permanecia numa situação estacionária, em que nada se decidia a fazer. Como era um espírito menos esclarecido e com muitas ligações kármicas com o esposo, não era capaz de sair da fase de limpeza, para reintegrar-se ao mundo espiritual. É evidente que sua expressão de tristeza quando aparecia refletia aquilo que realmente sentia, pois estava amarrada, sem pertencer nem a um mundo nem a outro.

Esse tipo de procedimento, em que a pessoa adquire o hábito de falar com o morto a todo instante, como uma companhia imaginária da sua rotina de vida, pode induzir a um desajuste psíquico, e aprisionar o desencarnado, caso este tenha pouco discernimento.

Conversar com um espírito desorientado pode perturbá-lo muito; por isso é importante limitar o período e os assuntos dessas conversas, de forma que elas sejam um alívio e, ao mesmo tempo, sirvam para melhorar a situação de ambos.

Vimos que durante as três fases pós-morte, os espíritos se afastam gradativamente da vida material. Alguns deles, porém, fazem isso com certas reservas. Se o desencarnado for um espírito esclarecido, esse afastamento ocorre rapidamente; se não for, pode ser muito demorado. Caso as conversas com o espírito se limitem ao período de 49 dias e tratem de assuntos que facilitem seu desligamento, não causam nenhum mal; caso contrário, o melhor é evitá-las de todo.

As conversas que tornam a pessoa dependente da proteção do desencarnado, que o prendem ao lado de quem está solitário, que o chamam para fazer coisas em parceria são desaconselhadas, pois todas essas atitudes são viciosas e causam sofrimento ao desencarnado.

Mesmo as conversas mais esclarecedoras e os pedidos de perdão devem acontecer até o limite de 49 dias. Passado esse prazo, corre-se o risco de tolher a seqüência evolutiva da alma, impedindo sua reintegração no mundo dos espíritos, seu lugar natural.

Preparar o reencontro

Como já vimos, os espíritos podem reencontrar-se. Porém, essa verdade requer uma cabeça fria e uma análise racional para ser bem compreendida. Os reencontros acontecem com certeza, mas eles podem ser uma grande decepção quando não se está preparado para o acontecimento.

Cada espírito tem uma seqüência própria de encarnes e desencarnes. Nem sempre aquele que desejamos reencontrar está em sincronia com a nossa seqüência individual. As almas mais perfeitas levam mais tempo até reencarnar; os espíritos de menos evolução reencarnam mais depressa.

Conversar muito com um espírito desencarnado é, como foi comentado, um hábito que tem suas restrições. Por outro lado, preparar o reencontro com o espírito amado que nos deixou, é uma atitude boa e positiva. Como fazer isso do modo certo, sem perturbar a tranqüilidade da alma que acabou de nos deixar?

A solução está uma vez mais nos aprendizados. A melhor maneira de preparar o futuro encontro é tornar-se um espírito melhor, mais esclarecido, e isso só é possível aprendendo e servindo. Assim, preparamos o reencontro positivamente, uma vez que nos mostraremos melhores do que quando convivíamos com o espírito que partiu.

O que acontece quando ficamos muito tempo sem ver alguém que estimamos e depois encontramos essa pessoa mais bonita e feliz? O encontro nos traz uma grande felicidade, não é? É a vontade de apresentar-se melhor, mais belo, que deve mover a preparação para o reencontro.

A beleza do espírito está na sua perfeição. O espírito de luz, aperfeiçoado, é brilhante, com uma luminosidade bem característica. Em espírito, a beleza é paz, harmonia, amor, caridade, compreensão. Um reencontro em que os espíritos mudaram para melhor contém sementes de felicidade inesgotáveis.

Vamos ver quais seriam os principais pontos a trabalhar para preparar um reencontro especial:

1. Compreender, através da análise das experiências passadas em comum, quais foram os erros de conduta, por que aconteceram e como poderiam ter sido evitados. Nessa hora, é sempre útil arrepender-se e pedir perdão,

mas entender é melhor ainda. Deve-se verificar que lições podem ser extraídas desses acontecimentos.

2. Avaliar quais foram os fatores que mais enfraqueceram a ligação entre as duas almas. Esses fatores podem ter sido originados por motivos internos ou externos, mas, de qualquer forma, ambos deixaram que tomassem corpo durante a convivência.

3. Determinar-se a corrigir as relações de afeto com outras pessoas ainda encarnadas, para assim evitar mais ligações negativas para o futuro.

4. Dedicar-se a conhecer melhor sua verdadeira alma, bem como suas necessidades evolutivas e fraquezas. Depois do autoconhecimento, corrigir tudo o que for possível na vida presente.

5. Estudar quais são os reais motivos dos reencontros, para assim se defender de ilusões a esse respeito. Não fantasiar nem buscar satisfação egoísta num reencontro, pois isso tornará impossível uma boa aproximação.

6. Compreender que, assim como as ligações físicas, as uniões espirituais também apresentam separações. Estar ciente de que haverá muitas uniões e separações até que os espíritos finalizem seus processos evolutivos.

7. Mudar realmente antes do reencontro, para surpreender positivamente aquele espírito tão amado. Essa mudança é fator de crescimento para o próprio espírito.

8. Saber que, ao desencarnar, terá oportunidades de reencontro, mas que elas dependem da evolução do outro espírito, que já poderá ter reencarnado. Nesse caso, alguém que pensa que está indo ao encontro do ente querido, está, na verdade, afastando-se dele, por já ter reencarnado.

Ouvir espíritos

Há vários tipos de comunicação com espíritos, alguns voluntários, outros involuntários. Existem comunicações inesperadas, outras que são induzidas. Mas a verdade é que os espíritos podem se comunicar com os encarnados.

Quem perdeu um ser amado sente vontade de estabelecer esses contatos espirituais rapidamente, para receber notícias, consolo, um esclarecimento, talvez. Para tudo existe um tempo certo, e essa regra vale também para as comunicações com os desencarnados.

Em primeiro lugar, é necessário respeitar o período de adaptação do espírito à sua nova condição, bem como a plena retomada de sua vida puramente espiritual. A possibilidade de um contato com o espírito também depende da necessidade de se estabelecer com ele um diálogo.

Um espírito só recebe licença do mundo espiritual para se comunicar quando isso for proveitoso para ambas as partes e quando ele está devidamente preparado para realizar, sem traumas, um pequeno retorno temporário. Rever tudo o que deixou é uma prova para o espírito que retorna. Depois de tanto esforço para se adaptar à sua nova condição, ele precisa de firmeza para não se desequilibrar ao retornar ao mundo material e visitar as pessoas que deixou.

Imagine como é para o espírito retornar e ver que sua casa foi vendida, sua filha se casou com alguém que ele não aprovava, sua mãe chora sua perda... E tudo isso é presenciado sem que ele possa fazer nada! Só os espíritos já adaptados e com certa instrução podem manter a tranqüilidade diante de fatos assim, pois as coisas materiais, para esses, já têm pouco valor. Ainda restam, no entanto, as emoções despertadas pelo sofrimento que presencia, as aversões que precisa separar. Os sentimentos negativos, caso surjam durante o retorno, podem ser mais nocivos ao espírito do que eram quando estava encarnado.

Assim como existem muitas variedades de espíritos, muitas são as formas com que eles se comunicam com os encarnados. Geralmente as comunicações mais proveitosas acontecem por intermédio de um médium preparado. Nesse caso, os espíritos preferem se manifestar por meio da escrita e da fala.

Os toques, as visões, os sons e os odores, bem como outras pequenas manifestações físicas, tais como arrepios, são consideradas comunicações de pouca utilidade, uma vez que nada acrescentam.

As comunicações sérias trazem alguma utilidade. Vêm para refazer a ligação, trazer alívio e consolo, esclarecer pontos que ficaram sem entendimento, trazer informações importantes, facilitar o perdão mútuo, abrir possibilidades futuras de evolução. Essas comunicações excluem qualquer objetivo egoísta, como apenas matar a saudade ou trazer uma informação tola.

Quem desejar restabelecer o contato com o espírito de algum desencarnado deve, em primeiro lugar, respeitar o tempo que ele precisa para se adaptar à sua nova condição. Em seguida, deve buscar num grupo dedicado a trabalhos espíritas toda informação e ajuda necessária para estabelecer essa comunicação. Não é algo que se faça sozinho. Como não é possível indicar um local que faça isso, apenas sugerimos que se busque os grupos espíritas associados à Federação Espírita Brasileira, onde todo trabalho mediúnico é bem orientado.

Existem também as comunicações não esperadas, nem solicitadas. Todas devem ser bem avaliadas antes de se dar a elas algum crédito. Existem espíritos que se ocupam desse tipo de contato, por brincadeira ou por desejo de causar o mal. Entre essas comunicações não esperadas, no entanto, existem as verdadeiras.

Temos que ter sempre em mente que existem boas e más comunicações dos espíritos. Para discernir entre um e outro tipo, o bom senso é a primeira chave. Não se deve aceitar tudo sem antes fazer uma análise consciente. Para algumas pessoas, ansiosas por uma comunicação, qualquer sinal interessa. É delas que se aproveitam os mistificadores, que exploram a dor alheia em benefício próprio.

Há também os contatos estabelecidos por intermédio de mensageiros. Essas comunicações ocorrem quando um espírito desencarnado precisa muito transmitir uma mensagem, mas ainda não está preparado para fazer ele mesmo o contato. Nesses casos, ele usa um outro espírito para fazer o contato. O mensageiro pode ser o espírito encarregado de instruir e ajudar aquele que deseja se comunicar. Ele se presta a esse serviço apenas quando existe uma real necessidade.

Os inimigos espirituais também podem tentar algum contato, principalmente se a pessoa encarnada estiver muito vulnerável e puder ser atingida. Essa é mais uma razão para não se fazer invocações ou chamar o desencarnado sem a ajuda de médiuns. Esses espíritos podem se apresentar, ao primeiro apelo de forma enganadora, passando por aquele que se deseja contactar.

Avaliar e discernir sempre, em qualquer caso, é a atitude mais correta. Ao receber instruções, é preciso agir com bastante cautela antes de se tomar qualquer providência referente ao que lhe foi solicitado.

Os médiuns de contato

Os médiuns que trabalham para receber mensagens de desencarnados e transmiti-las a quem delas necessita não são muito comuns. Eles recebem e passam apenas as comunicações sérias, que contêm alguma informação importante ou uma instrução de valor. Por estarem habilitados para essa tarefa, eles são capazes de impedir a chegada de espíritos brincalhões ou negativos, selecionando quais contatos são válidos.

Essa capacidade é um dom espiritual dos mais sublimes, mas como apresenta para o médium muitos riscos, é pouco aceita entre eles. Apenas um médium tem a preparação adequada para distinguir entre a comunicação verdadeira e a falsa. Ele também sabe respeitar as necessidades do espírito desencarnado e pode receber informações do mundo espiritual a respeito dos espíritos que ainda não estão em condições de fazer contato.

Como esses médiuns são pessoas muito procuradas, devemos respeitar sua limitação de tempo, não insistindo egoisticamente em fazer contatos freqüentes, pois eles têm muitos a quem atender.

O médium que recebe as mensagens dos espíritos por meio da escrita possui o dom de psicografar. As mensagens assim recebidas revelam conteúdo variado e trazem informações e instruções para os que ficaram. Essa é considerada uma expressão mediúnica perfeita, pois traduz de maneira simples e cômoda as mensagens.

Existem médiuns com a capacidade de ouvir os espíritos, para depois transmitir suas palavras. São chamados médiuns audientes. Eles diferem dos médiuns falantes, que têm apenas seus órgãos vocais utilizados pelo espírito, e se comunicam diretamente. Os médiuns falantes, como são usados apenas fisicamente, mudam de voz ao transmitir as mensagens. Os médiuns audientes usam voz para expressar o que estão escutando. Os médiuns audientes podem estabelecer um diálogo com o espírito que escutam; o médium falante é mais passivo, pouco interferindo no processo.

Aliada à capacidade de comunicação, pode estar o dom da vidência, que complementa o contato mediúnico, mas não lhe é essencial.

Devemos entender que a natureza das comunicações, sendo mais ou menos aprimoradas, não depende do médium, pois ele apenas reflete a natureza do espírito que intermedia. Assim, é inútil esperar que um espírito de pouca evolução apresente mensagens sublimes, coisa que ele ainda não tem capacidade para fazer.

Nos contatos, é preciso paciência para esperar a hora certa. Querer que o médium force um contato não resultará em nada proveitoso. Se o médium diz que no momento não é possível estabelecer contato, a pessoa que o solicitou deve resignar-se e recolher-se em oração. Essa atitude poderá ajudar a abrir os caminhos fechados no presente.

Alguns espíritos podem se manifestar em mais de um médium, mas é mais comum que exista uma sintonia maior com um determinado médium com quem o espírito sente mais facilidade de se comunicar.

Quando for procurar um médium, numa casa espírita, você deve estar preparado para ouvir que ainda não é possível entrar em contato com o espírito. Caso haja a possibilidade de isso ocorrer, esteja também preparado para aceitar o que vier, pois a sua participação será mínima. Em muitos casos, sequer é permitido que o parente esteja presente nos trabalhos de contato com os espíritos. Tenha também em mente as perguntas que deseja fazer, limitando-as ao que é realmente importante. Manter a mente aberta permite que o espírito traga mensagens mais importantes do que aquelas que se espera. Isso porque ele tem mais sensibilidade e é orientado por seus instrutores a respeito do que é realmente válido durante o contato mediúnico e do que será proveitoso para os envolvidos.

Evite pedir ao médium provas físicas do contato com o espírito, tais como sons ou visões. Um médium bem preparado nega-se a esse tipo de exibição e, mesmo quando essas manifestações acontecem, são desgastantes para o corpo material do médium, esgotando-lhe a energia. Os mistificadores, porém, apresentam com facilidade esse tipo de provas, totalmente forjadas, pois eles sabem que sua capacidade é quase nula e tentam convencer por meio de artifícios.

UMA PARCELA DE DEUS

Celina Fioravanti

Dedicado aos pais e mães e, em geral, a todos os que têm a responsabilidade de educar uma criança, *Uma Parcela de Deus* faz uma análise muito clara dos conceitos espirituais básicos que estão ligados ao nascimento de um filho numa determinada família.

As famílias espirituais, as famílias carnais, o modo como um espírito se prepara para encarnar, o aborto, as vidas sucessivas, a origem dos problemas que surgem no relacionamento entre pais e filhos são alguns dos temas amplamente analisados na primeira parte do livro.

Na segunda parte, a autora discorre mais especificamente sobre a gestação, colocando como preocupação principal a ligação entre mãe e filho e propondo modos para reforçá-la com exercícios de visualização e outras técnicas.

A terceira parte trata dos aspectos morais e do papel da fé na educação dos filhos, pois a defesa espiritual dos filhos está entre as principais obrigações dos pais.

Enfim, todos os aspectos da relação entre pais e filhos, mesmo quando estes sofrem de algum tipo de deficiência ou, ao contrário, nascem para desempenhar uma missão especial, recebem a atenção da autora, para quem a educação de um filho engrandece os pais e dá-lhes a oportunidade de evoluir como entidade espiritual.

* * *

De Celina Fioravanti a Editora Pensamento publicou *Causas Espirituais da Depressão*, *Contatos com Guias Espirituais*, *A Cura pelos Fluidos* e *Os Curadores do Espírito*.

EDITORA PENSAMENTO

A ORAÇÃO VIVA

Celina Fioravanti

A Oração Viva é um livro para as pessoas de fé, que acreditam, como a autora, que tudo pode ser transformado pela força de uma oração feita com o coração. As preces do livro levaram algum tempo para serem escritas; quase todas foram criadas à medida que havia necessidade de ajuda. Já nasceram com um uso determinado, bem prático, servindo para serem integradas à vida diária. Outras foram selecionadas de antigos devocionários como forças vivas e poderosas à disposição de quem as queira usar em benefício próprio ou dos outros.

Quem faz da oração seu caminho para unir-se a Deus recebe proteção, orientação, favores, força, saúde, luz e amor. E tudo isso de acordo com a exata medida de que necessita para ser feliz!

É através da prece que se afasta o mal. Quanto mais a humanidade orar, tanto mais haverá de se guardar das doenças e de todas as razões de sofrimento que a ameaçam. É sabido que a nossa civilização é sustentada por quatro coisas: o valor dos bravos, a cultura dos sábios, a justiça dos grandes e as preces dos virtuosos. São as preces daqueles que crêem, sejam de qualquer crença forem, que guardam o nosso mundo.

* * *

De Celina Fioravanti a Editora Pensamento já publicou: *Uma Parcela de Deus*, *Causas Espirituais da Depressão*, *Contato com Guias Espirituais*, *A Cura pelos Fluidos* e *Os Curadores do Espírito*.

EDITORA PENSAMENTO

KARMA:
A ORIGEM DA DOR

Celina Fioravanti

Estudar o karma é uma tarefa interessante, embora contenha desafios, pois é impossível fazê-lo sem pensar no nosso karma. Marido e mulher, filhos e pais, trabalho, doenças: quando os problemas experimentados por essas ligações são ou não são de natureza kármica?

A autora deste livro, Celina Fioravanti, analisa a questão do karma de forma objetiva. Ainda que o karma seja a causa de muito sofrimento, ele representa uma oportunidade de aprendizado única, que não deve ser desperdiçada. Com uma visão positiva, que induz sempre à avaliação e à solução das dores que todos experimentam ao se verem envolvidos em situações kármicas, a obra apresenta uma união entre o modo oriental e o ocidental de entender o karma.

Com a leitura de *Karma: A Origem da Dor*, o leitor tem a possibilidade de aprender como escapar dos efeitos do karma, trabalhando para eliminar suas dívidas espirituais e evoluindo, enquanto reajusta sua carga de dificuldades.

* * *

De Celina Fioravanti a Editora Pensamento já publicou: *Uma Parcela de Deus*, *Causas Espirituais da Depressão*, *Contato com Guias Espirituais*, *A Cura pelos Fluidos* e *Os Curadores do Espírito*.

EDITORA PENSAMENTO

CAUSAS ESPIRITUAIS DA DEPRESSÃO

Celina Fioravanti

O amor à vida é o bem mais precioso do ser humano.

No entanto, quantos já o perderam devido ao angustiante problema da depressão?

Só quem já teve uma crise de depressão pode avaliar como essa doença é assustadora. E tanto o doente quanto os que com ele convivem conhecem a necessidade de buscar auxílio.

Embora a autora de *Causas Espirituais da Depressão* aborde o problema de um ponto de vista espiritual, ela enfatiza que, sem ajuda médica e psicológica, é quase impossível solucioná-lo.

Considerando que grande parte da recuperação do bem-estar do doente depende, na verdade, dele mesmo, a autora incluiu em seu livro uma série de exercícios práticos, de reflexões e projetos de atendimento destinados a ajudá-lo nessa tarefa.

Como afirma a autora na introdução deste livro, todos os conceitos aqui expostos sobre a depressão e seu tratamento espiritual são formulados a partir da convivência com as pessoas que a procuram. Com a ajuda de seus guias espirituais, Celina Fioravanti colabora para minorar o sofrimento de todos os que sofrem e resgata o amor à vida, sem o qual é impossível viver uma vida saudável, plena e feliz.

* * *

Da mesma autora, a Editora Pensamento já publicou *Contato com Guias Espirituais*, *A Cura pelos Fluidos*, *Os Curadores do Espírito* e *Uma Parcela de Deus*.

EDITORA PENSAMENTO

Outras obras da autora:

CAUSAS ESPIRITUAIS DA DEPRESSÃO

CONTATO COM GUIAS ESPIRITUAIS

A CURA PELOS FLUIDOS

OS CURADORES DO ESPÍRITO

KARMA: A ORIGEM DA DOR

A ORAÇÃO VIVA

UMA PARCELA DE DEUS

Outras obras de interesse:

OS CICLOS DE REENCARNAÇÃO
Mona Rolfe

OS CÁTAROS E A REENCARNAÇÃO
Arthur Guirdham

INVESTIGANDO VIDAS PASSADAS
Raymond A. Moody, Jr. e *Paul Perry*

QUE HÁ ALÉM DA MORTE
C. W. Leadbeater

REENCARNAÇÃO - Reivindicando o seu Passado, Criando o seu Futuro (Coleção Edgar Cayce)
Lynn Elwell Sparrow

A REENCARNAÇÃO E A LEI DO CARMA
W. W. Atkinson

A REGRESSÃO A VIDAS PASSADAS COMO MÉTODO DE CURA - A Comprovação Experimental da Teoria da Reencarnação
Thorwald Dethlefsen

A TERAPIA DA REENCARNAÇÃO - As possibilidades oferecidas pela regressão a vidas passadas
Harald Wiesendanger

A VIDA DEPOIS DA MORTE
Yogue Ramacháraca

AS CARTAS FÊNIX - Um novo método para você descobrir os aspectos positivos de suas vidas passadas
Susan Sheppard

HISTÓRIAS DE REENCARNAÇÃO
Rosemary E. Guiley